D1721515

HELLENIKA VON OXYRHYNCHOS

TEXTE ZUR FORSCHUNG

Band 86

HELLENIKA VON OXYRHYNCHOS

Herausgegeben, übersetzt und kommentiert
von
RALF BEHRWALD

WISSENSCHAFTLICHE BUCHGESELLSCHAFT

Für Ingrid und Jens-Ulrich Davids

Die Deutsche Bibliothek verzeichnet diese Publikation
in der Deutschen Nationalbibliografie;
detaillierte bibliografische Daten sind im Internet über
http://dnb.ddb.de abrufbar.

© 2005 by Wissenschaftliche Buchgesellschaft, Darmstadt
Die Herausgabe des Werkes wurde durch
die Vereinsmitglieder der WBG ermöglicht.
Einbandgestaltung: Neil McBeath, Stuttgart
Gedruckt auf säurefreiem und alterungsbeständigem Papier
Printed in Germany

Besuchen Sie uns im Internet: www.wbg-darmstadt.de

ISBN 3-534-18500-5

INHALT

Florentiner Fragmente: **F A**, c. 1

(Photo Verfasser)

DANKSAGUNG

Eine Rohübersetzung von Otto Veh, die Wolfgang Will (Bonn) mir zur Überarbeitung anvertraute, bot Anstoß und Grundlage für die hier vorgelegte zweisprachige Ausgabe; für sein Vertrauen und für freundschaftlich gewährte Hilfe spreche ich ihm meinen herzlichen Dank aus. Daß sie in dieser Form erscheinen konnte, verdanke ich der freundlichen Vermittlung von Kai Brodersen (Mannheim) sowie dem liberalen Entgegenkommen der Wissenschaftlichen Buchgesellschaft und ihres Lektors, Harald Baulig.

Für die großzügig gewährte Einsicht in noch unveröffentlichte Manuskripte danke ich Guido Schepens (Löwen) und Bruno Bleckmann (Düsseldorf), letzterem sowie Stefan Schorn (Würzburg) und besonders Rebecca Müller (Florenz) für die kritische Lektüre des Manuskriptes und wertvolle Verbesserungsvorschläge. Gern nenne ich schließlich Guido Bastianini (Florenz), der mit seinem Rat und seiner Gastfreundschaft einen Aufenthalt am Florentiner Istituto G. Vitelli ebenso ertragreich wie angenehm werden ließ.

Drei fragmentarisch erhaltene Abschriften auf Papyrus aus dem mittelägyptischen Oxyrhynchos haben ein historisches Werk überliefert, das seit dem ersten, 1908 publizierten Fund als »Helleniká von Oxyrhynchos« (Hell.Oxy.) bekannt ist.[1] Keines dieser heute in London, Florenz und Kairo aufbewahrten Fragmente hat den Verfasser und die Datierung der Schrift preisgegeben. Sie gehören sämtlich in das 1.—2. Jh. n.Chr. und sind damit späte Abschriften eines ansonsten verlorenen Werkes der griechischen Historiographie, das im 4. Jh. v.Chr. entstand, und für dessen anonymen Verfasser sich die Abkürzung P eingebürgert hat.

Die Schrift, deren Anfang und Ende verloren sind, setzte wohl in der zweiten Phase des Peloponnesischen Krieges (dem ›Dekeleischen Krieg‹) ein und berichtete die Geschichte Griechenlands und Kleinasiens bis in das frühe 4. Jh. Für ihre Abfassungzeit ergibt sich ein ungefährer Rahmen aus den Angaben des Textes. P berichtet die Verfassung des 386 aufgelösten Boiotischen Bundes bereits in der Vergangenheit (19.2), und er hat vor dem Ausbruch des Heiligen Krieges zwischen Phokern und Lokrern von 356—346 geschrieben, denn er behauptet, daß deren Grenzkonflikte üblicherweise friedlich beigelegt worden seien (21.3). Er muß sein Werk also zwischen den Jahren 386 und 356 (spätestens 346) verfaßt haben.

1. Autorschaft

Das dem Peloponnesischen Krieg gewidmete Geschichtswerk des Thukydides bricht mitten im 21. Kriegsjahr (411) unvermittelt ab. Die Bedeutung des Themas — Größe und Fall Athens, Aufstieg und Nieder-

---

[1] Eine Beschreibung bieten Chambers 1993, S. vi—x (auf Latein) sowie Bruce 1967, S. 1—3 (Florentiner u. Londoner Fragmente) und Koenen 1976, S. 55f. (Kairener Fragmente); vgl. ferner die jüngeren Untersuchungen zu den Londonder Fragmenten von Tuplin 1993, S. 170f. und G. B. D'Alessio, Danni materiali e ricostruzione di rotoli papiracei. Le Elleniche di Ossirinco (POxy 842) e altri esempi, ZPE 134, 2001, 23—41. Die Herkunft der Kairener Fragmente aus Oxyrhynchos ist nicht gesichert.

gang seiner Konkurrentin Sparta und der persische Einfluß auf die
griechische Politik — und jene des großen Vorgängers Thukydides riefen
Fortsetzer auf den Plan. Von drei Historikern ist bekannt, daß sie ihr
eigenes Werk nahtlos (und damit mitten im Dekeleischen Krieg)
anschließen ließen: Kratippos, Theopomp und Xenophon.

In dem Trümmerfeld, das die griechische Geschichtsschreibung nach
einem Diktum von H. Strasburger darstellt, lassen sich an dieser Stelle
zwei deutlich unterscheidbare Überlieferungsstränge erkennen. Der
Athener Xenophon (ca. 430/25—nach 355) hat den einen dieser Stränge
begründet. Politische Überzeugung und die Zufälle seines Lebens ließen
ihn zum Anhänger der spartanischen Politik und Bewunderer ihres
Protagonisten, des Königs Agesilaos (regierte 400—360/59) werden.
Xenophons Thukydidesfortsetzung, eine Geschichte Griechenlands
zwischen 411 und 361 — die »Helleniká« — wie auch seine »Anabasis«
und die Biographie des verehrten Agesilaos reflektieren eine spartanahe
Sicht, die zu großen Teilen aus spartanischen Quellen und der Autopsie
ihres Autors gespeist ist. Xenophon berichtet häufig als Augenzeuge, so
etwa für die Auseinandersetzungen in Kleinasien in den 390er Jahren, an
denen er als Angehöriger der spartanischen Truppen teilnahm.

Ihm steht jener andere, in zahlreichen Details von Xenophon abweichende Traditionsstrang gegenüber, der heute nur noch in dem
Geschichtswerk Diodors von Sizilien vom Ende des 1. Jh. v.Chr. zu
greifen ist. Für die griechische Geschichte exzerpierte Diodor die bis auf
Fragmente verlorene, wohl in den 340er Jahren entstandene Universal-
geschichte des Ephoros (FGrHist 70). Die Darstellung der Hell.Oxy.
berührt sich in vielen Punkten mit jener Diodors und gehört in diese
Tradition. Ephoros hatte also die Hell.Oxy. und damit wahrscheinlich
einen der beiden anderen Fortsetzer des Thukydides benutzt, deren
Werke für uns außer wenigen Fragmenten verloren sind: Kratippos oder
Theopomp.[2]

Die auf Ed. Meyer zurückgehende Identifikation mit Theopomp
(FGrHist 115) ist im letzten Vierteljahrundert besonders von G.A.

---

[2] Eine Identifikation von P mit Ephoros (vgl. etwa W. Judeich, Theopomps
Hellenika, RhM 66, 1911, 94—139 und E. Cavaignac, Réflexions sur Ephore, in:
Mélanges Glotz I, Paris 1932, 149—151) wird heute nicht mehr vertreten.

Lehmann und jüngst von B. Bleckmann verfochten worden. Freilich zwingen Theopomps Lebenssdaten (ca. 378/7 —?) dann dazu, in den vor 356/346 entstandenen Hell.Oxy. ein Werk des noch sehr jungen Autoren zu sehen, das unmittelbar nach seinem Erscheinen von Ephoros exzerpiert worden wäre. Außerdem lassen die erhaltenen Fragmente und die Urteile antiker Leser für Theopomp einen stark rhetorischen Stil annehmen, der im Gegensatz zu stehen scheint zu dem sachlicheren, ja trockenen Ton der Hell.Oxy.

So fällt der Blick auf den Athener Kratippos (FGrHist 64), einen Zeitgenossen des Thukydides.[3] Freilich wußte man über Kratippos schon in der Antike wenig; weder Diodor noch ein anderer Autor dieses Traditionsstranges zitieren ihn wörtlich, und er scheint bald in Vergessenheit geraten zu sein — was man von den Hell.Oxy. gerade nicht sagen kann, die noch ein halbes Jahrtausend später in der ägyptischen Provinz gelesen und abgeschrieben wurden. Wichtiger ist, daß Lehmann außerdem substantielle inhaltliche Unterschiede zwischen den erhaltenen Kratipposfragmenten und den Hell.Oxy. nachgewiesen hat, während umgekehrt die Annahme eines gravierenden stilistischen Unterschiedes zwischen P und Theopomp jüngst in Zweifel gezogen worden ist.[4]

Das Frühwerk eines Autors, der später merklich anders schreiben soll (Theopomp),[5] oder der namentlich kaum je zitierte Begründer einer historiographischen Tradition, die ihn in mehreren Stufen exzerpiert, bis er im kaiserzeitlichen Ägypten in drei Abschriften auftaucht

---

[3] Diese Identifikation wird gegenwärtig von der Mehrheit der Forscher vertreten; vgl. etwa Ph. Harding, The Authorship of the Hellenica Oxyrhynchia, AHB 1, 1987, 101—104, K. Meister, Die griechische Geschichtsschreibung, Stuttgart 1990, S. 65—68, Bruce 1967, S. 22—27, Chambers 1993, S. xviii—xxv sowie G.E. Pesely, How Many Copies of the Hellenica Oxyrhynchia Have Been Found?, AHB 8.2, 1987, 38—44.

[4] Lehmann 1984; zur stilistischen Einordnung vgl. ferner Rebuffat 1993, der sich auch mit den vermeintlichen chronologischen Problemen ausgiebig befaßt.

[5] Die jüngere Theopompforschung lehnt eine Identifikation mit P entsprechend meist ab, vgl. G.S. Shrimpton, Theopompus the Historian, Montreal u.a. 1991, S. 183—195; M.A. Flower, Theopompus of Chios. History and Rhetoric in the Fourth Century BC, Oxford 1994, S. 27f.

(Kratippos):[6] zahlreiche Gelehrte haben diese Alternative für wenig attraktiv und die Frage für unentscheidbar gehalten,[7] während andere Vorschläge heute kaum noch diskutiert werden.[8] Ihre Bedeutung liegt freilich auf der Hand: wenn P die Darstellung des Kratippos und damit eines Zeitgenossen und vielleicht sogar Augenzeugen der geschilderten Ereignisse wäre, käme den Hell.Oxy. überall dort, wo sie Xenophon widersprechen, großes Gewicht zu. Ist das Werk hingegen später entstanden, so mindert das seine Autorität beträchtlich.[9] Wichtig sind in

---

[6] Auch wenn die Anzahl von drei Abschriften im kaiserzeitlichen Oxyrhynchos nicht so spektakulär ist, wie man meinen könnte (vgl. J. Krüger, Oxyrhynchos in der Kaiserzeit. Studien zur Topographie und Literaturrezeption, Frankfurt (M.) u.a. 1990, S. 214—260), wäre Kratippos doch als spätklassischer Autor eine Ausnahme unter den meist jüngeren Autoren (abgesehen von den Sonderfällen Herodot und Thukydides), die im kaiserzeitlichen Ägypten Verbreitung fanden. (vgl. J. Malitz, Das Interesse an der Geschichte. Die griechischen Historiker und ihr Publikum, in: H. Verdin/G. Schepens/E. De Keyser (Hrsg.), Purposes of History, Löwen 1990, 323 —349, bes. S. 346). Zwei weitere in Oxyrhynchos gefundene Fragmente (P.Oxy. II 302 = FGrHist 115 F 7 und XI 1365 = FGrHist 105 F 2) hat G.E. Pesely a.a.O. als Abschriften der Hell.Oxy. identifizieren wollen.

[7] Vgl etwa U. von Wilamowitz-Moellendorff, Reden und Vorträge, Bd. 2, 4., umgearb. Aufl. Berlin 1926, 216—246, S. 224; H. Bloch, Studies in Historical Literature of the Fourth Century B.C., in: Athenian Studies Presented to William Scott Ferguson, Cambridge (Mass.)/London 1940, 303—376; Bonamente 1973, S. 13—18 sowie die sehr klare und ausgewogene Diskussion bei McKechnie/Kern 1988, S. 7—14.

[8] Unter den anderen, heute in den Hintergrund getretenen Vorschlägen verdienen zumindest zwei Identifikationen Erwähnung: jene mit dem boiotischen Historiker Daimachos (F. Jacoby, The Authorship of the Hellenica of Oxyrhynchos, CQ 44, 1950, 1—11 = ders., Abhandlungen zur griechischen Geschichtsschreibung, Leiden 1956, 322—333) wegen der Autorität ihres Verfechters (aber boiotische Ortsnamen führt P in ihrer attischen Form an, vgl. C.J. Dull, A Reassessment of the Boiotian Districts, in: J.M. Fossey/H. Giroux [Hrsg.], Proceedings of the 3. International Conference on Boiotian Antiquities, Amsterdam 1985, 33—40), wegen des Charmes ihrer Abwegigkeit dagegen jene mit der Tochter des Thukydides (Ch. Ehrhardt, Xenophon and Diodorus on Aegospotami, Phoenix 24, 1970, 225—228).

[9] Die Hellenika Xenophons dürften in zwei Abschnitten entstanden sein (eine in der Forschung allerdings noch heute umstrittene Frage), deren erster wohl

diesem Zusammenhang die Indizien, die Bleckmann jüngst angeführt hat um zu zeigen, daß P Informationen aus den Hellenika Xenophons entnommen und verfremdend überarbeitet habe, um als dessen Konkurrent zugleich mit dem gemeinsamen Vorbild Thukydides in Wettstreit zu treten.[10] Folgt man Bleckmann, so ist P als Quelle hoch problematisch, und gewichtige Argumente sprechen für diese These.

2. Historischer Hintergrund.[11]

Der Dekeleische Krieg bildet den Hintergrund der ersten Werkhälfte der Hell.Oxy., in die die Kairener und die Florentiner Fragmente gehören: die weitgespannten athenischen Erwartungen zu Beginn der Sizilischen Expedition, deren katastrophaler Ausgang 413, der bemerkenswert rasche Wiederaufstieg Athens, mehrere Jahre eines erfolgreichen Seekrieges, schließlich aber die Schlacht bei Aigosopotamoi (405) und die unausweichliche Niederlage der von ihrer Getreidezufuhr aus dem Pontosgebiet abgeschnittenen Stadt.[12]

Da der Krieg seinen Schwerpunkt im Ägäisraum hatte, kam den Persern eine zentrale Rolle zu; ihre Unterstützung der Spartaner, die nur Alkibiades vorübergehend hatte unterbinden können, und ihr militärisches Engagement auf dem kleinasiatischen Festland trug wesentlich zu Athens Niederlage bei. Das Fehlen der von Xenophon erwähnten persischen Kontingente in der Darstellung der Schlacht bei Ephesos, an deren Stelle in den Hell.Oxy. ein spartanisches Kontingent begegnet, läßt demgegenüber vermuten, daß P den Peloponnesischen Krieg, solcherart ›bereinigt‹, als ein vornehmlich innergriechisches Ringen interpretierte.

---

noch in den 390er Jahren erschien (Hell. 2.4.43). Die zweite Werkhälfte reicht bis in das Jahr 362 und wurde wohl erst in den 350er Jahren publiziert; vgl. Tuplin 1993, S. 29—31. Wenn der Autor der Hell.Oxy. der 378/7 geborene Theopomp wäre, so wären sie nach dem Werk des Xenophon entstanden; Kratippos hingegen hätte als Zeitgenosse des Thukydides vor Xenophon geschrieben.

[10] Bleckmann 1998, v.a. S. 188—198 und passim. Bleckmanns Thesen sind jedoch heftig angegriffen worden; vgl. etwa Schepens 2001.

[11] Allgemein zum historischen Hintergrund sei auf Welwei 1999 verwiesen.

[12] Zu diesem Teil der Hell.Oxy. vgl. die grundlegende Monographie von Bleckmann 1998; zur Annahme einer leichten Überlappung mit dem Ende der thukydideischen Darstellung s. den Komm. zu Kap. 10.4.

Bei Beginn des in den Londoner Fragmenten erhaltenen Textes sind der Frieden von 404/3, die oligarchische Herrschaft der Dreißig in Athen, die Wiedererrichtung der Demokratie 403 und der Auszug der Oligarchen in den Sonderstaat von Eleusis bereits Vergangenheit.[13] Auch Spartas Stellung hatte sich geändert; seine Herrschaft über die Bündner sprach der im Krieg ausgerufenen Parole der Freiheit aller Griechenstädte Hohn, auch wenn die noch von Lysander, dem spartanischen Feldherren des Dekeleischen Krieges, eingerichteten Formen der Gewaltherrschaft nach dessen Abberufung 402 abgemildert worden waren. Seit 399 kämpften spartanische Truppen in Kleinasien, und 396 zog der spartanische König Agesilaos selbst gegen die Perser ins Feld.

Ihm steht der Athener Konon gegenüber. Spätestens seit 397 hatten Athener Kontakte mit dem Perserreich aufgenommen; zur selben Zeit hatte Konon, seit 405 auf Zypern im Exil, den Großkönig vom Aufbau einer Flotte überzeugen können und deren Kommando erhalten. Eine antispartanische Koalition, an der sich neben Athen und Theben bald auch Korinth und Argos beteiligen sollten, entstand mit jener persischen Hilfe, die den Mythos des persischen Goldes begründen sollte, welches die Zwietracht nach Griechenland getragen habe.

Die Londoner Fragmente setzen genau zu diesem Zeitpunkt (Winter 396/5) ein.[14] Die weitgespannten, aber letztlich zu keinem greifbaren Erfolg führenden Feldzüge des Spartanerkönigs Agesilaos, die Vorbereitung Konons auf den großen Flottenzug gegen die Spartaner und der durch einen provozierten Grenzzwischenfall herbeigeführte Ausbruch des Korinthischen Krieges sind die wichtigsten Ereignisse dieses Jahres, die in den Londoner Fragmenten geschildert werden.

Dabei fällt auf, daß P — analog zu Thukydides — nun eine neue Jahreszählung einführt.[15] Das achte Jahr, das Hell.Oxy. 12.1 genannt wird, führt auf das Epochenjahr 402/1 zurück.[16] Für P läutet also nicht, wie für die athenische Lokalgeschichtsschreibung, die Wiederrichtung der Demokratie 403, sondern die Abberufung des Lysander 402, und

---

[13] Für die von den Londoner Fragmenten behandelte Zeit vgl. Funke 1980.

[14] Lehmann 1978a, 117f.; wichtige kodikologische Argumente führt Tuplin 1993 S. 170f. an.

[15] Vgl. Lehmann 1978a sowie Schepens 1993.

[16] Vgl. u. S. 40.

damit gerade die Konsolidierung der spartanischen Hegemonie eine neue Epoche ein, in der die Vorherrschaft Spartas auf jene Athens gefolgt war. Ob die Seeschlacht von Knidos 394, mit der die konkurrenzlose Übermacht Spartas an ein Ende kam, auch den Endpunkt der Hell.Oxy. markierte, läßt sich nicht sicher sagen.[17]

3. Charakteristik.

Der knappe, aber nicht ungewandte Stil der Hell.Oxy. läßt sich in einer Übersetzung kaum wiedergeben[18] und kann deshalb hier nicht besprochen werden. Immerhin liebt P nicht nur in seiner Sprache die Gegenüberstellung, deren ständiges *men* — *de* (einerseits — andererseits, zwar — aber) den heutigen Leser befremdet und die Sätze auch dort strukturiert, wo es inhaltlich fehl am Platze ist.[19] Auch die Gliederung der Erzählung folgt einem Prinzip der Gegenüberstellung und Aneinanderfügung, das die Erzählung rhythmisiert und ihr Tempo, bisweilen Spannung, manchmal sogar Hektik vermittelt.[20]

Das gilt zunächst für die ›synchronistische‹ Disposition, die P von Thukydides übernimmt und weiterentwickelt. Um das Nebeneinander verschiedener Feldzüge treffend zu schildern, springt Thukydides innerhalb eines Kriegsjahres zwischen den Kriegsschauplätzen.[21] Daß so über

---

[17] Zweifel an diesem Enddatum hat S. Hornblower, When was Megalopolis founded?, ABSA 85, 1990, 71—77, S. 73 A. 6 geäußert.

[18] Besonders gilt das für die von P peinlich genau eingehaltene Vermeidung des Hiates (Aufeinandertreffen von Vokalen in der Fuge zwischen zwei Wörtern). Den Stil der Hell.Oxy. bespricht Lehmann 1984, S. 33f.; eine allgemeiner gehaltene Charakteristik geben auch McKechnie/Kern 1988, S. 21—24, die in ihnen — im Gegensatz zu der hier vertretenen Einschätzung — »in the literay entertainment dimension, a second rate work« sehen, dafür aber die analytischen Qualität von P in den Mittelpunkt stellen.

[19] Etwa 10.3, wo die Nachricht, in Korinth habe unter den Spartanerfeinden allein Timolaos persönliche Motive gehabt, als Gegensatz zweier Gruppen formuliert wird — deren eine nur aus Timolaos besteht.

[20] Dem gleichen Zweck dient das historische Präsens, das P gern, v.a. in Schlachtenbeschreibungen, anwendet (vgl. 2.1; 4.1; 8.3; 14.6; 18.2; 23.3).

[21] Daß es sich dabei freilich um ein geschickt eingesetztes narratives Mittel handelt, hat T. Rood, Thucydides. Narrative and Explanation, Oxford 1998, S. 109—130.

die Grenze eines Jahres hinwegreichende Entwicklungen unweigerlich
auseinandergerissen werden, haben schon antike Leser kritisiert.
Dennoch greift P dieses Gestaltungsprinzip auf und führt es weiter,
indem er die Ereignisse eines Kriegsjahres noch weiter unterteilt: Die
beiden Partien über Agesilaos' Feldzug 395 sind denkbar weit auseinandergerissen (14f.; 24f.), und auch die Aktivitäten Konons werden an
zwei getrennten Stellen berichtet (18, 22f.).[22] Meyer hat hinter dieser
Disposition das Konzept gesehen, für jede Jahreszeit die verschiedenen
Schauplätze — Seekrieg (Konon), Landkrieg (Agesilaos), Griechenland
— getrennt zu besprechen. Dieses Schema sei allerdings nicht strikt
durchgehalten worden, denn Schilderungen Griechenlands im Frühjahr
und des Agesilaosfeldzuges im Sommer fehlen. Es bleibt aber offen,
warum dann gerade die Aktivitäten des Spartanerkönigs im Sommer —
als er auch das Kommando über die spartanische Flotte erhielt — in einer
solchen Disposition ausgelassen wurden.

Vielleicht muß man hinter in dieser Anordnung des Stoffes noch
andere Motive suchen. Wie ein Vergleich mit dem achten Buch des
Thukydides (an das die Hell.Oxy. unmittelbar anschließen) zeigt, hat P
dessen Disposition weiterentwickelt, indem er raschere, erzählende
Episoden mit verhalteneren, analytischen Partien durchsetzt und der
Ereignisgeschichte an ihren Wendepunkten durch retardierende Unterbrechungen zusätzliche Spannung verleiht.[23]

Wenn etwa auf die Darstellung von Konons Niederschlagung der
kaunischen Meuterei (Kap. 23) diejenige des mysischen Widerstandes
gegen Agesilaos (Kap. 24.1–3) folgt, so werden in diesen Episoden, die
keine kriegsentscheidenden Ereignisse zum Gegenstand haben, eben
auch die beiden Protagonisten des Jahres vergleichend nebeneinanderge-
stellt. Schon früher, als Agesilaos aus Sardes in südlicher Richtung

---

[22] Dieses Schema bei Meyer 1909, S. 64; allg. zur »synchronistischen«
Disposition ebd. S. 139–156.

[23] Die Nähe diesere Technik zu Thukydides hat vor allem H. Bloch in der o.
A. 7 zitierten Studie, bes. S. 308–317 betont; vgl. auch Lehmann 1984, S. 20f. Die
Bedeutung von ›synchronistischer‹ Darstellungsweise und Exkursen für den
Aufbau von Spannung unterstreicht A.Ch. Scafuro, Universal History and the
Genres of Greek Historiography, Diss. Yale University, Ann Arbor 1983, S. 205–
262 (ohne Hinweis auf die Hell.Oxy.).

weiterzog (Kap. 15.3f.), hätte es beinahe zu einer Begegnung der beiden kommen können — doch mit seinem Entschluß, an die Küste und nach Norden zu ziehen, entfernen die beiden sich wieder. Jede dieser Episode endet an einem wichtigen Wendepunkt, der immer zugleich in die Zukunft vorausverweist.

Die Aktivitäten Konons sind an mehreren Stellen besprochen. Nach der (weitgehend verlorenen) Schilderung der Verteidigung von Kaunos gegen einen spartanischen Angriff (12.2) erwartet der Leser den Beginn des Flottenzuges von Konon. Doch P verläßt den Schauplatz zunächst; als die Erzählung zu ihm zurückkehrt, wird jedoch zunächst der rhodische Umsturz berichtet (18). Dann bricht der Bericht über Konon erneut ab; als er wieder einsetzt (22f.), wird die Lesererwartung wieder enttäuscht, denn noch einmal wird der Flottenzug durch eine Meuterei hinausgezögert. Nachdem Konon sich auch in dieser Situation bewährt hat, verläßt die Erzählung ihn erneut, ohne daß es zum erwarteten Feldzug gekommen wäre.

Diese Komposition baut nicht allein durch den immer wieder hinausgezögerten Kriegszug Spannung auf; sie läßt auch die persönlichen Qualitäten des Feldherrn hervortreten, illustriert bereits im Umsturz auf Rhodos (18) jene kühle Überlegenheit, welche dann während der Meuterei in Kaunos auf eine harte Probe gestellt werden soll (22f.). Dabei folgt auf den rhodischen Umsturz die Darstellung des Kriegsausbruchs (19—21) in Griechenland: sowohl auf Rhodos als auch in Griechenland ist das Kalkül von Spartas Feinden aufgegangen. Da droht ein Zufall Konon in Kleinasien zurückzuwerfen, und allein dessen persönliche Qualitäten verhindern dies. Die Ereignisse an den verschiedenen Schauplätzen werden nicht allein auseinandergerissen; in einem zweiten Schritt werden sie neu verwoben, so daß sinnvolle Bezüge entstehen und ein Spannungsbogen geschlagen wird.[24] Dabei können einzelne Episoden

---

[24] Dabei scheint bisweilen sogar ein fast ironisch anmutender Umgang mit der Lesererwartung durch. Zu Beginn des Jahres kündigt P an, daß die Spartafeinde sich zusammengetan hätten, um einen Krieg zu schüren (10.2—5). Der Abschnitt über den Kriegsausbruch beginnt mit dem Hinweis auf den Krieg zwischen Boiotern und Phoker, und nach den besprochenen, die Spannung steigernden Unterbrechungen wird dieser Feldzug dann bis zum Rückzug der boiotischen Truppen geschildert. Bevor nun jedoch die spartanische Reaktion

gleichzeitig Leitmotive früherer Episoden aufgreifen und auf spätere vorausverweisen.[25] Dieses im Grunde schlichte, aber nicht ohne Geschick gewählte Verfahren bestimmt den Rhythmus der Erzählung, die dabei das thukydideische Vorbild weiterentwickelt. Und entsprechend ihrer erzähltechnischen Aufgabe sind die einzelnen Episoden gegenüber dem thukydideischen Geschichtswerk deutlich kürzer gehalten.

Die größeren Episoden werden wiederholt von Exkursen unterbrochen. Diese Exkurstechnik in den Hell.Oxy. (die von der ›synchronistischen‹ Disposition getrennt zu betrachten ist) ist seit Bekanntwerden der Londoner Fragmente immer wieder als Besonderheit hervorgehoben worden. An Thukydides hatten die Zeitgenossen dessen Verwendung von Reden kritisiert; mit seinen Exkursen schien P ein probates Mittel gefunden zu haben, auf andere, erzähltechnisch überlegene Weise Hintergrundinformationen und Stimmungen zu vermitteln.[26] Doch neben der Funktion, Hintergrundanalyse und Ereignisgeschichte miteinander zu verweben, dürften auch die Exkurse der Hell.Oxy. noch eine narrative Aufgabe erfüllen, die möglicherweise für den Verfasser (und seine Leser) sogar im Vordergrund stand.

In seiner Darstellung der Demainetosaffäre (9−12) skizziert P in wenigen, kräftigen Strichen die angespannte Lage (9.1f.), in die die

---

und damit das eigentliche Ziel dieser Provokation erzählt wird, bricht P erneut ab. Der negativen Einschätzung von Meyer 1909, S. 149 (die synchronistische Anordnung sei »zu einem äußeren Schema geworden«) wird man deshalb nicht zustimmen können; P verfolgt andere erzählerische Absichten, für die er das thukydideische Muster ebenso wie die Exkurse nicht ohne Geschick einsetzt.

[25] Aufschlußreich ist hier die Darstellung der Schlacht bei den Keratahügeln in den Hell.Oxy. (Kap. 4): das eher unbedeutende Ereignis wird einerseits wegen seiner Gleichzeitigkeit mit dem weit wichtigeren Verlust von Pylos (an dessen Besetzung fünfzehn Jahre früher 4.2 erinnert wird), andererseits wegen der angeblichen athenischen Reaktion, die auf den Prozeß nach der Arginusenschlacht vorausweist, gleichzeitig zum Menetekel für die militärischen wie die politischen Schwächen Athens, die in ihrer Kombination zur Niederlage der Schlacht führen werden.

[26] Vgl. die sehr positive Einschätzung bei Bruce 1967, S. 11−15 und McKechnie/Kern 1988, S. 23; treffender hat Lehmann 1984, S. 21 von einer »kleinteiligen Ökonomie der Darstellung« gesprochen und damit Darstellungs-, nicht Analyseabsichten in den Mittelpunkt gestellt.

Ausfahrt des Demainetos die Stadt gebracht hatte. Die unerwartete Entscheidung der Volksversammlung, den spartanischen Harmosten Milon zu informieren, bringt Demainetos in tödliche Gefahr. Doch unvermittelt bricht die Erzählung ab; nicht das weitere Schicksal des Demainetos, sondern ein Exkurs zur athenischen Politik dieser Jahre rückt in den Mittelpunkt, der sich nach wenigen Sätzen zu einer Darstellung des antispartanischen Widerstandes in ganz Griechenland ausweitet (10.1—5).[27] Erst am Ende dieses Exkurses, in den seinerseits nochmals ein Exkurs zu Timolaos von Korinth eingebettet ist (10.3f.), nimmt P den Faden wieder auf, der mit dem geglückten Husarenstück bei Thorikos zunächst einmal zu einem glücklichen Ende führt. Ob Demainetos sich schließlich zu Konon durchschlagen kann, bleibt dem Leser allerdings noch verborgen.

In ähnlicher Weise hat P in seiner Darstellung des Kriegsausbruchs 395 (19—21) einen Spannungsbogen aufgebaut, indem die Schilderung der im Vordergrund stehenden Krise mehrfach durch Exkurse unterbrochen wird. Der Kriegszug der Boioter gegen die Phoker wird als Resultat thebanischer Politik an den Anfang gestellt, und dann setzt die Schilderung der Politik von *einigen Leuten* ein — um sogleich mit dem berühmten Exkurs zum Boiotischen Bund unterbrochen zu werden. Danach greift P — mit dem Rückverweise *wie schon früher gesagt* — den Faden wieder auf, läßt seine Darstellung mit der Nennung der wichtigsten Protagonisten Kolorit erlangen, und unterstreicht die Bedeutung der Auseinandersetzung, die über Theben hinausgriff (20.2). Ismenias und Androkleidas suchen den Krieg und besitzen die Macht im Bundesrat. Die Schilderung ihrer Intrige ist vorbereitet. Doch noch einmal bricht P hier ab und berichtet — den ökonomischen Aufstieg Thebens im 5. Jh. (!). Erst mit 21.1 kehrt er wieder zum eigentlichen Thema zurück.

Hier liegt keine mißlungene Disposition, sondern ein geschickter Spannungsaufbau vor. Es hätte — zumal am Ende eines Kriegsjahres — nahegelegen, den Exkurs zur athenischen Innenpolitik an das Ende der

---

[27] Diese Technik wiederholt sich im Kleinen, wenn P die Darstellung der Demainetosaffäre mit den Worten »Schon zuvor hatten manche...« abbricht und in einen breit erzählenden Tonfall wechselt, dann aber zuallererst (10.1) mit dem tödlichen Ende einer früheren Mission die Gefahr in Erinnerung ruft, die auch Demainetos droht.

Demainetosaffäre zu rücken, und das gleiche gilt für die Exkurse zum Boiotischen Bund und dem Aufstieg Thebens. Beide sind eng miteinander verbunden, denn der Wohlstand Thebens seit dem 5. Jh. und die Bedrohung der kleineren boiotischen Poleis im Peloponnesischen Krieg erklärt nach P jene Bundesverfassung, in der Theben mehr als ein Drittel der Stimmen besaß. Wäre die Aufdeckung von Ursache und Wirkung die Hauptabsicht der Exkurse in den Hell.Oxy., hätte P diese beiden Partien nicht voneinander getrennt. Der eingeschobene Hinweis auf das angekündigte Thema, die Intrige des Jahres 395, dürfte vielmehr erzähltechnisch motiviert sein.[28] Zugleich dienen die Exkurse dazu, die Erzählung zu rhythmisieren, indem mit Beginn eines Exkurses immer wieder ein langsamerer, fast gemütlich anmutender Erzählton angeschlagen wird. Dabei vermag P, wie die weitere Darstellung des boiotisch-phokischen Krieges zeigt, auch innerhalb einer ereignisgeschichtlichen Erzählung das Tempo geschickt zu variieren.

Der gleiche Gedanke einer Rhythmisierung tritt auch hervor, wenn man den Blick noch einmal auf die »synchronistische« Darstellungsweise von P lenkt. Denn hier sind die Exkurse keineswegs zufällig eingestreut: mit Exkursen durchsetzte Episoden wechseln mit solchen ab, die ohne Unterbrechung zusammenhängend erzählt sind (etwa in Kap. 18—23: Umsturz auf Rhodos — Kriegsausbruch in Griechenland — Konons Reise zu Tithraustes — Meuterei in Kaunos).

---

[28] Ein Vergleich zwischen der Schilderung der Demainetosaffäre und dem Ausbruch des Korinthischen Krieges verdeutlicht hier, wie P geschickt die Vorkenntnisse seiner Leser in Rechnung stellt. Die Demainetosaffäre wird von keiner anderen erhaltenen Quelle überliefert und gilt in der modernen Forschung als wenig bedeutend. Anscheinend konnte auch bei einem antiken Leser deren Ausgang nicht als bekannt vorausgesetzt werden; so verschweigt P ihn, und der Leser wird bis zum Schluß im Ungewissen gelassen. Daß die thebanischen Provokationen schließlich zum Kriegsausbruch führten, war hingegen allseits bekannt und wird entsprechend gleich im ersten Satz der Episode ausgesprochen.

4. Interesse und ›Tendenz‹.

Xenophons Schriften lassen eine enge Bindung an Sparta und besonders seinen Protagonisten Agesilaos erkennen.[29] Auch in den Hell.Oxy. hat man eine deutlich prospartanische Tendenz erkennen wollen.[30] Besonders deutlich meinte man diese Tendenz etwa in Bemerkungen zu erkennen wie jener, der Reichtum des attischen Landes sei durch die Ausplünderung ganz Griechenlands entstanden; die Beute hätten die Athener in ihre Landgüter investiert (20.5: *denn was sie im Krieg von den Griechen erlangt hatten, hatten sie auf ihre privaten Ländereien gebracht*). Dabei konnte natürlich niemandem entgehen, daß Konon in der Darstellung der Hell.Oxy. seinem Antagonisten Agesilaos in nichts nachstand; beide werden als vorausschauende Planer und besonnene Heerführer gezeichnet. Agesilaos' Ankündigung, nach Sardes zu marschieren, täuscht Tissaphernes, und Konon bereitet den Umsturz auf Rhodos vor, der dann in seiner Abwesenheit nach Plan ablaufen kann.

Immerhin ist es möglich, hier eine von den politischen Vorlieben des Verfassers zu trennende Faszination für Konon zu vermuten.[31] Doch der Annahme einer prospartanischen Tendenz stellen sich noch andere Probleme in den Weg. In seiner Analyse der antispartanischen Tendenzen in Griechenland bespricht P auch die Rolle der persischen Subsidienzahlungen, die vor allem seit dem Schauprozeß gegen Ismenias 382 von der prospartanischen Publizistik als Korruption angeprangert wurden. P bezieht sich auf diese Diskussion, denn er greift (mit geringen Abweichungen) dieselben Namen auf, die auch die anderen Quellen nennen. Doch er entlastet die Beschuldigten — nicht indem er, wie es Xenophon für die Athener tut, den Empfang von Zahlungen leugnet, sondern indem er eine andere Erklärung anbietet: die Spartaner hätten sich

---

[29] Diese enge Bindung darf allerdings nicht mit einer unkritischen Bewunderung verwechselt werden, wie zuletzt Tuplin 1993 nachgewiesen hat.

[30] Grundlegend dazu Lehmann 1978a; vgl. etwa Bruce 1967, S. 9—11. Dagegen hat schon Bonamente 1973, S. 31f. solche Etiketten abgelehnt, daraus aber den weitergehenden Schluß auf die große Ernsthaftigkeit der historischen Analyse in den Hell.Oxy. gezogen.

[31] Eine proathenische Tendenz vermutet hingegen Meister am A. 3 a.O. S. 66f.; eine antispartanische Schepens 1993, S. 183 (mit einer Zusammenstellung älterer Einschätzungen ebd. A. 40).

Feinde geschaffen, weil in den griechischen Poleis einzelne Politiker ihre
Ansprechpartner waren; wer sich gegen diese Politiker stellte, sah sich
gleichzeitig in Konflikt mit Sparta. In einer Gesellschaft, in deren Politik
der Loyalität politischer Gruppierungen (Hetairien) eine zentrale Rolle
zukam, mußte dies zur antispartanischen Ausrichtung konkurrierender
Hetairien führen.

Damit wird ein wichtiges Argument spartanischer Propaganda zu-
rückgewiesen. Für Athen entwickelt P überdies ein anderes Erklärungs-
modell, das die Konfliktlinie zwischen pro- und antispartanischen Politikern entlang der sozialen Grenze zwischen oligarchisch gesinnten
Adligen und demokratischer Masse konstruiert (Kap. 9.2f.). Diese
Interpretation ist in der neueren Forschung jedoch mehrheitlich abgelehnt worden.[32] Tatsächlich läßt sich zeigen, daß sowohl in der sozialen
Zusammensetzung der (auf allen Seiten von wohlhabenden Politikern
bestimmten) Gruppierungen als auch in der zeitgenössischen Terminologie andere Faktoren weit wichtiger waren. Das fortbestehende Mißtrauen
zwischen den siegreichen Demokraten, die in der Auseinandersetzung
von 403 den Piräus als Stützpunkt gehabt hatten, und den damals in der
Stadt ansässigen Anhängern der Oligarchie dominierte die Politik noch
bis weit in die 390er Jahre hinein, und so war der Gegensatz zwischen
»denen aus dem Piräus« und »denen aus der Stadt« noch Jahre, nachdem
der Konflikt eigentlich an sein Ende gekommen war, ein Leitmotiv der
athenischen Politik.[33]

---

[32] Lehmann 1978b sowie Funke 1980, S. 57—70, auch wenn nicht übersehen
werden sollte, daß schon zeitgenössische Autoren so argumentieren konnten,
vgl. etwa die von A. Missiou, The Subversive Oratory of Andokides, Cambridge
1992, S. 82—84 zusammengestellten Zeugnisse. Die Darstellung der Hell.Oxy.
hat jüngst R. Urban, Der Königsfrieden von 387/86 v.Chr., Stuttgart 1991, S. 33—
42 zu rehabilitieren versucht.

[33] Lehmann 1978b hat dies u.a. am Beispiel jener Rede zeigen können, in der
ein korinthischer Gesandter noch 395 die Athener »aus der Stadt« und jene »aus
dem Piräus« auf ihre jeweiligen Interessen hinwies und beide Gruppen aus
ihren spezifischen politischen Erfahrungen heraus von einem Bündnis mit
Boiotien und gegen Sparta überzeugen konnte (Xen. Hell. 3.5.8—15). Dagegen
überzeugt der Vorschlag von B.S. Strauss, Athens after the Peloponnesian War.
Class, Faction, and Policy, 403-386 B.C., Ithaca 1987, S. 90—104, bis zu sechs
politische Gruppierungen zu unterscheiden, nicht. Auch Strauss kritisiert S. 109

Daß P hier die zeitgenössische Terminologie und die ihr zugrundeliegenden Verhältnisse nicht kennt und ihnen stattdessen ein vorgebilde-
tes Modell des Gegensatzes zwischen wohlhabenden, prinzipiell pro-
spartanisch gesinnten Oligarchen und dem einfachen, spartafeindlichen
Volk zugrundelegt, muß aber nicht bedeuten, daß er eine prospartanische Tendenz verfolgen würde.[34] Eher dürfte hier der — freilich
verfehlte — Versuch zu beobachten sein, eine nach abstrakten Kriterien
(Oligarchen/Demokraten) systematisierende Analyse an den Unter-
suchungsgegenstand heranzutragen; erklärungsbedürftig ist für P dann
nur noch, warum im konkreten Einzelfall sich auch einflußreiche ›Demokraten‹ wie Thrasybul gegen einen Krieg aussprechen konnten.[35]

Diese Einstellung mag auch dem boiotischen Verfassungsexkurs zu-
grundeliegen.[36] Wieder handelt es sich um einen Einschub, der mit den
geschilderten Ereignisse nur schwach verbunden ist. Als P erklären will,
warum die Gruppe um Ismenias und Androkleidas über Theben hinaus
Anhänger fand und die boiotische Politik zu bestimmen vermochte,
spielen die boiotischen Gremien keine Rolle mehr; stattdessen greift er
auf das bekannte Modell konkurrierender Hetairien zurück, das er
bereits in Kap. 10.2 auf ganz Griechenland angewendet hat. Dennoch
führt P sein Interesse an einer stärker schematisierenden, verfassungs-

---

den unzutreffenden Versuch der Hell.Oxy., außenpolitische Konfliktlinien
entlang der Grenze zwischen reichen und armen Athenern zu ziehen.

[34] Dasselbe gilt für Boiotien, wo ausdrücklich auch die antispartanischen Politiker als Aristokraten charakterisiert werden, oder für Korinth, wo P die
antispartanische Gesinnung des Timolaos zum Anlaß nimmt, eine — positiv
konnotierte — Tat des seinerzeit spartafreundlichen Korinthers im Peloponnesischen Krieg zu berichten.

[35] Dieses nach verfassungspolitischen Orientierungen kategorisierende Verfahren erinnert an die aristotelische Athenaion Politeia (Kap. 13), die die politischen Gruppierungen im Athen des frühen 6. Jh. in Anlehung an die
Darstellung bei Herodot (1.59.3) als regionale Hetairien einführt, sie dann aber
mit anachronistischen Etiketten als ›aristokratisch‹, ›gemäßigt‹ und ›demokra-
tisch‹ charakterisiert.

[36] Eingehender wird B. Bleckmann in einer demnächst erscheinenden Monographie diesen Exkurs besprechen.

typologische Fragen in den Mittelpunkt stellenden Betrachtung dazu, eine ausführlichere Verfassungsskizze in sein Werk einzulegen.[37]

Damit hat P sich nicht nur — jenseits aller vordergründigen Entsprechungen — von seinem Vorbild Thukydides weit entfernt. Es stellt sich auch die Frage, inwieweit hinter der Stoffauswahl und –disposition, hinter Ungenauigkeiten und selbst hinter offenkundigen Verzerrungen jedesmal eine politische Tendenz zu erkennen ist. Die parallele Schilderung der Protagonisten Agesilaos und Konon abstrahiert weitgehend von deren politischem Hintergrund, und möglicherweise lassen die Hell.Oxy. auch ansonsten eine größere Distanziertheit ihres Autors — oder ein deutlich anders gelagertes Interesse — erkennen, als man sie P bisweilen zugestehen mochte.

5. Quellen.

Die Frage nach den Quellen der Hell.Oxy. ist engstens mit der Identifikation ihres Verfassers verbunden.[38] Da P keine Quellen nennt (der einzige namentlich genannte Historiker ist Thukydides), obwohl er zahlreiche Behauptungen mit einem anonymen *»man sagt«*, *»es heißt«* einführt,[39] bleibt hier vieles im Dunkeln. Anhänger der Identifikation mit dem Athener Kratippos haben zeitgenössische Quellen oder Autopsie vermutet. Hier sei nur auf ein Problem hingewiesen, das das Vorgehen der Hell.Oxy. schlaglichtartig beleuchtet und in der modernen Forschung bisher nicht besprochen wurde. P erwähnt, Demainetos habe angeblich den Rat insgeheim über seine Absicht informiert; erst der Protest der Aristokraten führt in den Hell.Oxy. dazu, daß »der Rat« seine Politik überdenkt und sich von der Mission distanziert. Der athenische Rat bestand allerdings aus vierhundert Bürgern, die durch Los bestimmt wurden. Nicht nur die Annahme, daß diese vierhundert geschlossen der-

---

[37] Das Verhältnis zwischen den Hell.Oxy. und der (zeitgenössischen?) politologischen Betrachtung des Aristoteles kann hier nicht näher umrissen werden; zu inhaltlichen Übereinstimmungen zwischen der aristotelischen Athenaion Politeia und der Darstellung bei P vgl. E. Ruschenbusch, Theopompea II, Theopomps Hellenika als Quelle in Aristoteles AP, ZPE 45, 1982, 91—94 sowie George E. Pesely, Did Aristotle use Androtion's Atthis ?, Klio 76, 1994, 155—171.

[38] Vgl. Bruce 1967, S. 5—8; McKechnie/Kern 1988, S. 14—16.

[39] Hell.Oxy. 9.1; 10.2; 24.4.

selben politischen Richtung angehörten, ist deshalb ausgeschlossen; wichtiger noch ist, daß kein Kenner der athenischen Politik ernsthaft behaupten konnte, in einer geheimen, noch dazu in Athen angeblich kontroversen Mission seien diese vierhundert zufällig ausgewählten Athener ins Vertrauen gezogen worden.[40]

Aus einer Identifikation mit Theopomp folgt hingegen, daß P um die Mitte des 4. Jh. vor allem auf ältere Historiker zurückgegriffen hätte. Bleckmann hat hier jüngst gerade Xenophon als Quelle in die Diskussion gebracht, dessen Angaben P in verschleiernder Absicht verfremdet habe.[41] Allerdings muß P darüber hinaus noch weitere Quellen herangezogen haben, wie nicht allein jene Episoden beweisen, in denen von Xenophon übergangene Kriegsereignisse geschildert werden (Schlacht bei den Keratahügeln, Demainetosaffäre). Auch für eine Einlage wie die Skizze der boiotischen Bundesverfassung muß P auf anderes Material zurückgegriffen haben. Dessen Herkunft entzieht sich jedoch unserer Kenntnis.

6. Zum Text.

Die von M. Chambers besorgte Teubnerausgabe des Jahres 1993 enthält als einzige sämtliche Fragmente; ihr kritischer Apparat ist freilich gegenüber jener von Bartoletti (1959) deutlich reduziert. Chambers' Ausgabe ist außerdem nicht ohne Kritik aufgenommen worden.[42] Bei einer Überprüfung an den Florentiner Fragmenten zeigte es sich, daß die Lesungen Bartolettis in fast allen Fällen klar den Vorzug verdienten. Die vorliegende Ausgabe legt deshalb den Text von Bartoletti (für die Kairener Fragmente denjenigen von Koenen) zugrunde, berücksichtigt aber abweichende Textfassungen und folgt ihnen, wo sie den Vorzug zu verdienen scheinen. Sie präsentiert als erste den gesamten Text in der

---

[40] Vgl. u. S. 41.

[41] Bleckmann 1998, S. 188—198; eine ähnliche Einschätzung äußerte bereits in der Antike Porphyrios (FGrHist 115 F 21 = T 27). Zum Detailreichtum der Darstellung vgl. ferner V.J. Gray, Two Different Approaches to the Battle of Sardis in 395 B.C., CSCA 12, 1979, 183—200. In der in A. 36 erwähnten Arbeit wird Bleckmann dieses Phänomen ausführlich besprechen.

[42] Vgl. die Rez. von G. Kloss, GGA 1996, 27—37, der eine neue Ausgabe angekündigt hat.

Zeilenordnung der Papyri, wie Chambers es in seiner Rezension der Ausgabe von Bartoletti eingefordert hatte,[43] in seiner eigenen jedoch nicht umsetzen konnte. Die Erstellung einer neuen Textausgabe war nicht beabsichtigt, und nur die Florentiner Fragmente wurden im Original konsultiert. Abweichungen von Bartolettis Text sind in den Anmerkungen erläutert.

Die Kapitelzählung haben die späteren Funde jeweils um die Anzahl der neuen Kapitel erhöht. Kapitel 1 bei Grenfell/Hunt ist in der Zählung von Bartoletti (nach dem Fund der Florentiner Fragmente mit fünf Kapiteln) zur Nr. 6 geworden und trägt nach dem Fund der Kairener Fragmente (3 Kapitel) bei Chambers die Nr. 9. Außerdem hat Fuks 1951 zwei der Florentiner Fragmente umgestellt; dadurch haben die Kapitel 3/4 und 5 (Bartoletti) ihren Platz getauscht und sind bei Chambers Kapitel 6 und 7/8 geworden. Dies ist zu bedenken, weil manche Forscher noch der Zählung von Bartoletti (teilweise sogar noch jener von Grenfell/ Hunt) folgen. Hier wurde Chambers' Zählweise übernommen; nur in den Anmerkungen sind Bartolettis Kapitelnummern in Klammern hinzugesetzt.

Parallel dazu gibt es die Zählung nach Spalten und Zeilen der Papyri. In dieser Ausgabe sind am linken Rand die Informationen zur Anordnung des Textes auf dem Papyrus angegeben: die Nummer des Fragmentes (in **halbfett**), der Spalte (*c.*) und der Zeile. Daneben steht die Paragraphen- (in **halbfett**) und Absatzzählung der Ausgabe von Chambers. Manche Gelehrte zitieren auch nach den Zeilennummern in der Ausgabe von Chambers; diese (ganz unpraktische) Zitierweise wurde hier völlig aufgegeben.

Die Hell.Oxy. sind bisher in das Italienische und zweimal in das Englische übersetzt worden. Eine deutsche Übersetzung fehlte bislang. Die Anmerkungen weisen lediglich auf herausragende Probleme und die wichtigsten Stellen der Parallelüberlieferung hin. In beide Richtungen ist Vollständigkeit nicht angestrebt.

Verwendete Zeichen.

Der griechische Text wird nach den Konventionen des Leidener Klammersystems wiedergegeben. Für kürzere Lücken bis ca. 10 Buch-

---

[43] M. Chambers, CPh 56, 1961, 279f., S. 279.

staben geben ebensoviele Punkte deren vermutliche Zahl an; umfang-
reicherer Textverlust wird durch Striche und die geschätzte Zahl der
fehlenden Buchstaben angegeben.

Im deutschen Text ist die Übersetzung unsicher ergänzter Stellen mit
(?) gekennzeichnet; hier verweisen drei Punkte zwischen eckigen Klammern auf kürzere Lücken bis ca. 5 Buchstaben, drei Striche bedeuten
einen längeren Textverlust.

7. Bibliographische Hinweise.

Aufgeführt sind alle in den Anmerkungen abgekürzt zitierten Titel sowie
eine kleine Auswahl bei der Lektüre der Hell.Oxy. nützlicher Hilfsmittel.[44]

a) Ausgaben.

Grenfell, B.P./Hunt, A.S., The Oxyrhynchus Papyri, Bd. 5, London 1908.

—, Hellenica Oxyrhynchia cum Theopompi et Cratippi fragmentis
(OCT), Oxford 1909.

Kalinka, E., Hellenica Oxyrhynchia (BT), Leipzig 1927.

Bartoletti, V., Nuovi frammenti delle ›Elleniche di Ossirinco‹, PSI XIII 1
(1949) 61—81 Nr. 1304 (Florentiner Fragmente).

Gigante, M., Le Elleniche di Ossirinco (Convivium 9), Rom 1949.

Bartoletti, V., Hellenica Oxyrhynchia (BT), Leipzig 1959.

Koenen, L., Papyrology in the Federal Republic of Germany and
fieldwork of the International Photographic Archive in Cairo,
StudPap 15, 1976, 39—79 (Kairener Fragmente).

Chambers, M., Hellenica Oxyrhynchia (BT), Stuttgart/Leipzig 1993.

b) Übersetzungen.

Bonamente, G., Studio sulle Elleniche di Ossirinco. Saggio sulla storio-
grafia della prima metà del IV sec. a.C., Perugia 1973, S. 173—192.

Wickersham, J./Verbrugghe, G., Greek Historical Documents. The Fourth
Century B. C., Toronto 1973, S. 6—17.

---

[44] Leider wurde mir erst nach Fertigstellung des Manuskriptes bekannt:
Bianchetti, S./Cataudella M.R. (Hrsg.), Atti del Congresso Le ›Elleniche di Ossi-
rinco‹ a cinquanta anni dalla pubblicazione dei Frammenti Fiorentini 1949-99,
Università degli Studi di Firenze, 22-23 Novembre 1999 (= Sileno 27, 2001).

McKechnie, P.R./Kern, S.J., Hellenica Oxyrhynchia, Edited with Translation and Commentary, Warminster 1988.

c) Kommentar.
Bruce, I.A.F., An Historical Commentary on the Hellenica Oxyrhynchia, Cambridge 1967.

d) Hilfsmittel.
Überblicksdarstellung zum historischen Hintergrund.
Welwei, K.-W., Das Klassische Athen. Demokratie und Machtpolitik im 5. und 4. Jahrhundert, Darmstadt 1999.

Prosopographische Hilfsmittel.
Davies, J.K., Athenian Propertied Families 600—300 B.C., Oxford 1971.

Develin, R., Athenian Officials 684—321 B.C., Cambridge 1989.

Hofstetter, J., Die Griechen in Persien. Prosopographie der Griechen im persischen Reich vor Alexander, Berlin 1978.

Kirchner, J., Prosopographia Attica, ND d. Ausg. 1901—3 m. e. Nachtrag v. S. Lauffer, Berlin/New York 1966.

Poralla, P., Prosopographie der Lakedaimonier bis auf die Zeit Alexanders des Großen, Breslau 1913, ND Rom 1966.

Karten.
Talbert, R.J.A. (Hrsg.), The Barrington Atlas of the Greek and Roman World, Princeton 2000.

e) Weitere Literatur.
Beck, H., Polis und Koinon. Untersuchungen zur Geschichte und Struktur der griechischen Bundesstaaten im 4. Jahrhundert v.Chr., Stuttgart 1997.

Bleckmann, B., Athens Weg in die Niederlage. Die letzten Jahre des Peloponnesischen Krieges, Stuttgart/Leipzig 1998.

Breitenbach, H.R., Art. Hellenika Oxyrhynchia, in: RE S XII (1970), 383—426.

Bruce, I.A.F., Internal Politics and the Outbreak of the Corinthian War, Emerita 28, 1960, 75—86.

—, The Democratic Revolution at Rhodes, CQ 11, 1961, 166—170.

—, The Mutiny of Conon's Cypriot Mercenaries, PCPhS 1962, 13—16 (= Bruce 1962).

—, The Political Terminology of the Oxyrhynchus Historian, Emerita 30, 1962, 63—69.

—, Athenian Foreign Policy in 396-395 B.C., CJ 58, 1962/3, 289—295.

—, Chios and P.S.I. 1304, Phoenix 18, 1964, 272—282.

Cartledge, P., Agesilaos and the Crisis of Sparta, London 1987.

Corsten, Th., Vom Stamm zum Bund. Gründung und territoriale Organisation griechischer Bundesstaaten, München 1999.

Dugas, C., La campagne d'Agésilas en Asie Mineure, BCH 34, 1910, 58—95.

Fuks, A., Note on the nova Hellenicorum Oxyrhynchiorum fragmenta, CQ NS 1, 1951, 155.

Funke, P., Homónoia und Arché. Athen und die griechische Staatenwelt vom Ende des Peloponnesischen Krieges bis zum Königsfrieden (404/3—387/6 v.Chr.), Wiesbaden 1980.

Gehrke, H.-J., Stasis. Untersuchungen zu den inneren Kriegen in den griechischen Staaten des 5. und 4. Jahrhunderts v. Chr., München 1985.

Lehmann, G.A., Die Hell.Oxy. und Isokrates' ›Philippos‹, Historia 21, 1972, 385—398.

—, Ein Historiker namens Kratippos, ZPE 23, 1976, 265—288.

—, Ein neues Fragment der Hell. Oxy. Einige Bemerkungen zu P.Cairo (Temp. Inv. No.) 26/6/27/1-35, ZPE 26, 1977, 181—191.

—, Spartas ἀρχή und die Vorphase des korinthischen Krieges in den Hellenica Oxyrhynchia, 1, ZPE 28, 1978, 109—126 (=1978a).

—, Spartas ἀρχή und die Vorphase des korinthischen Krieges in den Hellenica Oxyrhynchia, 2, ZPE 30, 1978, 73—93 (= 1978b).

—, Theopompea, ZPE 55, 1984, 19—44.

—, Ansätze zu einer Theorie des griechischen Bundesstaates bei Aristoteles und Polybios, Göttingen 2001.

Lendle, O., Kommentar zu Xenophons Anabasis (Bücher 1—7), Darmstadt 1995.

March, D.A., Konon and the Great King's Fleet, 396—394, Historia 46, 1997, 257—269.

Meyer, Ed., Theopomps Hellenika. Mit einer Beilage über die Rede an die Larisaeer und die Verfassung Thessaliens, Halle 1909, ND Hildesheim 1966.

Müller, D., Topographischer Bildkommentar zu den Historien Herodots: Griechenland, Tübingen 1986.

—, Topographischer Bildkommentar zu den Historien Herodots: Kleinasien und angrenzende Gebiete mit Südostthrakien und Zypern, Tübingen 1997.

Rebuffat, E., Teopompo e le Elleniche di Ossirinco, Orpheus 14, 1993, 109—124.

Schepens, Guido, L'Apogée de l'Arche spartiate comme époque historique dans l'historiographie grecque du début du Ive s. av. J.-C., AncSoc 24, 1993, 169—203.

—, Who Wrote the Hellenica Oxyrhynchia? The Need for a Methodological Code, in: S. Bianchetti/M.R. Cataudella (Hrsg.), Atti del Congresso Le ›Elleniche di Ossirinco‹ a cinquanta anni dalla pubblicazione dei Frammenti Fiorentini 1949-99, Università degli Studi di Firenze, 22-23 Novembre 1999 (= Sileno 27, 2001), 201—224

—, Timocrates' Money. Ancient and Modern Controversies, in: S. Bianchetti u.a. (Hrsg.), Poikilma. Studi in onore di Michele Cataudella in occasione del 60° compleanno, La Spezia 2002, 1195—1218.

Schindel, U., Verweis und Zitat beim Historiker von Oxyrhynchos (Mit einem Anhang zu PSI 1304 A Il), Hermes 96, 1968, 400—420.

Tuplin, C., The Failings of Empire. A Reading of Xenophon Hellenica 2.3.11 -7.5.27, Stuttgart 1993.

Westlake, H.D., Spartan Intervention in Asia, 400—397 B.C., Historia 35, 1986, 405—426.

Will, W. Die griechische Geschichtsschreibung des 4. Jahrhunderts, in: J.M. Alonso-Núñez (Hrsg.), Geschichtsbild und Geschichtsdenken im Altertum, Darmstadt 1991, 113—135.

HELLENICA OXYRHYNCHIA

Text und Übersetzung

Fragmenta Cairensia

F 1 **1.** [- - - - - - - - - - - - - ἐπεχείρησεν εὐ-]

c. 1 [θὺ]ϲ προϲβαλεῖν τοῖϲ τε[ίχεϲι κελεύϲαϲ τὰϲ]
[π]λείϲταϲ τῶν τριήρω[ν ὁρμίϲαϲθαι, τὰϲ]
[δ'] ἑτέραϲ τόπον τῆϲ Ἐφε[ϲίαϲ καταλαβεῖν.]
[ἐκ]βι[βά]ϲαϲ δὲ πᾶϲαν τὴν [δύναμιν προήγα-]

5 [γε]ν ἐπὶ τῆϲ πόλεωϲ. Ἐφέϲιοι [δὲ καὶ τῶν Λα-]
[κε]δαιμονίων αὐτοῖϲ ὁι πα[ρόντεϲ τοὺϲ]
[μὲ]ν μετὰ τοῦ Παϲίωνοϲ τῶν Ἀθηναίων
[οὐχ] ἑώρων - ἔτυχον γὰρ ὄντεϲ ἔτι πόρρω καὶ
[μα]κροτέραν ὁδὸν τῶν ἑτέρων βαδίζοντεϲ -

10 [τοὺ]ϲ δὲ περὶ τὸν Θράϲυλλον ὁρῶντ[ε]ϲ ὅϲον
[οὔ]πω παρόνταϲ ἀπήντων αὐτοῖϲ πρὸϲ
[τὸ]ν λιμένα τὸν Κορηϲϲὸν καλούμενον
[ἔχο]ντεϲ ϲυμμάχουϲ τούϲ τε βοηθήϲανταϲ
[. . . .] . . π[ρ]ότε[ρ]ον (?) καὶ πιϲτοτάτο[υ]ϲ τότε

15 [. . .] . . . νη τῶν ἠκ[ό]ντων (?) . . . [.]ε [τ]ῶν ἐ[ν]

  2 [Κιλ]βί[ω]ι πεδίωι κατοικούντων. μ[ετ]ὰ δὲ
[ταῦ]τα Θράϲυλλοϲ μὲν ὁ τῶν Ἀθηναίων
[ϲτρα]τηγόϲ, ὡϲ ἧκε πρὸϲ τὴν πόλι[ν, ἔλι]πέν
[τιν]αϲ μὲν τῶν ϲτρατιωτῶν προϲβα-

20 [λό]νταϲ, τοὺϲ δὲ πρὸϲ τὸν λόφον α[ὐ]τὸϲ (?)
[προ]ϲῆγεν ὃϲ ὑψηλὸϲ καὶ δύϲβατόϲ ἐϲτιν, καὶ
[τὰ μ]ὲν ἐντὸϲ ἔϲτραπται, τὰ δ'ἔξω τῆϲ πό-
[λεωϲ]. τῶ[ν] δ'Ἐφεϲίων ἡγοῦντο καὶ Τίμαρ-
[χο]ϲ καὶ Ποϲϲικράτηϲ οἱ [- - -]

25 [. . . . . .] . . βει[- - -]

desunt versus 4

F 2   - - -
  [- - - ca. 12 - - -]ϲ[.] . [- - -]
  [- - - ca. 12 - - -]υτουϲ . πρα . [- - -]
  [- - - ca. 12 - - -]ϲι τιναϲ τῶν [- - -]
  [- - - ca. 13 - - -]μα νουντ[- - -]

Kairener Fragmente

1. (1) [- - - begann sofort,] gegen die Mauern vorzurücken, und befahl den meisten der Trieren zu ankern, den anderen aber, einen Ort in der Ephesia einzunehmen. Als sie aber gelandet waren, führte er die gesamte Streitmacht vor die Stadt. Die Ephesier und die anwesenden Lakedaimonier konnten zwar die athenischen Truppen unter Pasion nicht sehen (sie waren nämlich noch weiter entfernt, weil sie einen längeren Weg als die anderen genommen hatten), aber sie sahen jene unter Thrasyllos, die gerade angekommen waren.

Sie griffen sie an dem Koressos genannten Hafen an, und hatten dabei jene als Verbündete, die ihnen früher schon geholfen hatten [- - -]
und überaus zuverlässig [- - -],
die die Kilbische Ebene bewohnen.

(2) Danach, als Thrasyllos, der Stratege der Athener, zur Stadt kam, ließ er einige Soldaten angreifen, die anderen aber führte er selbst auf den Hügel hinauf, der hoch und kaum zu besteigen ist. Und sowohl die einen, schon innerhalb der Stadt, als auch die anderen außerhalb wurden zum Rückzug gezwungen. Die Ephesier kommandierten Timarchos und Possikrates, die [- - -].

Es fehlen 4 Zeilen.

Weitere fünf Zeilen, die nicht sinnvoll ergänzt werden können.

35 [- - - ca. 15 - - -]ντας . . α̣[- - -]

finis columnae

F   - - -
1+3 **2.** γῃϲ . [- - -]
c. 2 πιλ[. .] . . α̣λ[- - -]
      μ̣ι̣β . . Θραϲ[υλλ - - -]
      τα̣ϲ[.] . . ει̣π[- - -]
5   τα̣ι̣. ἐπειδὴ δὲ προ[- - -]
      . [. .] πρὸϲ καρτερὰ χωρ̣[ί]α̣ [- - -]
      . [. .] . κ̣αὶ πρὸϲ αὐτοὺϲ κατέφευ[γον, ... τὸ]
      ϲτρα̣τ̣[ό]πεδον ἐπῆγεν. ὑποχ̣[ω]ρούντων̣
      δὲ τῶν ἐναντίων οἱ μὲν Ἀθηναῖοι προ-
10   θύ̣μω̣ϲ ἐπηκολούθουν ὡϲ κ[α]τὰ κράτοϲ
      ληψ[ό]μενοι τὴν πόλιν· Τ̣ίμαρχοϲ δ̣[ὲ] κ̣αὶ
      Π̣ο̣[ϲϲ]ι̣κράτηϲ οἱ τῶν Ἐφεϲίων ἡγε̣[μόν]εϲ
      ἀν̣ε̣κ̣α̣λοῦντο τοὺϲ ἑαυτῶν ὁπλίταϲ. [παρ]ελ-
      θόντων δὲ τῶν Ἀθηναίων . . [. . . . .]ν-
15   τεϲ πάλιν οἱ ψιλοὶ τῶν ἀνόδ[ων . . . . .]
      ε̣ἰϲβάλλουϲι μετὰ τῶν . ο̣ . . τ̣ . [. . . . . .]η
      [. . . .]· οἱ δὲ διὰ τὴν τῷ[ν - - - ca. 9 - - - μ]ε-
      τὰ̣ δ̣[ὲ β]ραχὺν χρόνον . [- - -]
      ρο̣[.]ν̣. ἐπέπεϲεν τῷ[ι - - -]
20   ἀπ̣[οπει]ρ̣ώμεν[ο]ι [- - - κατα-]
      πλαγέντεϲ δ̣ι̣έλυ̣ϲα̣[ν τ̣ὴν μάχην καὶ]
      πρὸϲ τὰϲ ναῦϲ ἀτάκτωϲ [- - -]
      2 ἔφευγον. ὅϲοι μὲν οὖν αὐ̣τῶ̣ν τ̣[ὴν εἰϲ θά-]
      λατταν ὁδὸν ἀπεχώρουν, ἀϲφα̣[λῶϲ ἐπο-]
25   [ρεύ]θη̣ϲαν. τῶν δ̣ὲ τὴν ἄνωθε[ν ὁδὸν ἐλθόν-]
      [των πολλοὶ διε]φθάρηϲα̣[ν] . . [- - -]
      [- - - ca. 10 - - -]ωϲεν δ̣ι̣'αὐτοῦ [- - -]
      [- - - ca. 10 - - -]ον . . . πεμφα . [- - -]
      [- - - ca. 10 - - -]ων κα[.] . [- - -]
30   [- - - ca. 10 - - -]πρε . . με[- - -]

finis columnae?

Ende der Spalte.

F 1+3　[- - -]
Sp. 2　　**2.** (1) [- - -]
　　　[- - -]
　　Thrasyllos [- - -]
　　als aber [- - -]
　　in befestigte Dörfer [- - -]
　　und zu ihnen flohen [...]
　　führte er das Heer voran. Als die Feinde aber zurückwichen,
　　verfolgten die Athener sie mutig, um die Stadt mit Gewalt
　　einzunehmen.

　　Doch Timarchos und Possikrates, die Feldherren der
　　Ephesier, riefen ihre Hopliten heran.
　　Und als die Athener kamen, [- - -]
　　die Leichtbewaffneten kamen wieder aus dem unwegsamen
　　Gebiet [...]
　　greifen an mit den [- - -]
　　jene aber wegen [- - -]
　　kurze Zeit [- - -]
　　griff an mit [- - -]
　　ratlos [- - -]
　　auseinanderlaufend lösten sie [die Schlachtordnung] auf
　　und flohen [- - -] ungeordnet zu den Schiffen.
　　　(2) Diejenigen von ihnen, die die Straße zum Meer
　　gewählt hatten, kamen sicher voran; von jenen aber, die die
　　obere Straße entlang marschierten, wurden viele getötet
　　[- - -].

Vier Zeilen, die nicht ergänzt werden können.

Ende der Spalte?

c. 3   - - -

F   **3.** [. . . . .] . . . . . . [- - -]

3+4   [. . . . .] . [.] . c οἱ προ[- - -]

[. . . .]ον ἀποβ . . . . [- - -]

[cτρα]τιωτῶν παρ[- - -]

5   [. . .]ως ὑπὸ το[ῦ] πρατ[τ - - - ca. 11 - - - εἰc]

[Cυρ]αϙούcαc [. . .]δι[- - -]

[. . τ]ῆς cαφηνε[ί]α[c] . [- - -]

π[.] . εων . . αιν . [- - -]

ἵπ[π]αρχον[.] . . . . [- - -]

10   ἐκεῖνος . . . [.] . . [- - -]

τοῖc cτρατιώτα[ι]c [- - -]

τῆc Ἐφέcου . [- - -]

ἐπιμείναντεc α[- - - ca. 14 - - - κιν-]

δυνεύειν [.]π . [- - - ἐ-]

15   χώριcε καὶ [- - -]

τα . . . . . . [- - -]

[. .]ονε[- - -]

desunt versus ca. 13

Fragmenta Florentina

F A   **4.**   - - -

c. 1   [- - -] . αιϙα[.]

[- - - ca. 23 - - -]ντων [. .]

[- - - ca. 19 - - -] . [. .] τετραϙ[ο-]

5   [ci - - - ca. 14 - - -]ν] προτρο[πάδ]η. ἐ-

[τράπηcαν, οἱ δὲ] Λαϙεδαιμο[νιοι .] ωρι .

[- - - ca. 11 - - -] . ὑ[π]εχώρου[ν ἐν] τάξει

[πρὸc τοὺc λόφο]υc. οἱ δὲ cτρατιῶ[τα]ι των

[Ἀθηναίων το]ύτουc μὲν οὐϗ ἐδίωξαν,

10   [τοῖc δὲ Μεγαρε]ῦcι⟨ν⟩ [ἐ]παϗολουθοῦντεc ἐ-

[πὶ - - - ca. 10 - - - τῆ]c ὁδοῦ τῆc πρὸc τὴν π[ό-]

[λιν φερούcηc] ϗαταβάλλουcιν αὐτῶν

[ἀριθμὸν πολύ]ν. μετὰ δὲ ταῦτα ϗαταδρα-

F 3+4

Sp. 3   **3.** [*Die ersten drei Z. unleserlich*]

der Soldaten [- - -]
unter dem [- - - nach]
Syrakus [- - -]
der Deutlichkeit
[*eineinhalb Z. unleserlich*]
den Hipparchos [- - -]
jener [- - -]
den Soldaten [- - -]
von Ephesos [- - -]
sie hielten aus [- - -]
gefährden [- - -]
ging und [- - -].

Zwei unleserliche Zeilen.

Es fehlen etwa 13 Zeilen.

Florentiner Fragmente

F A   **4.** (1)

Sp. 1   [*dreieinhalb Z. unleserlich*]

vierhundert [- - -]
zur Flucht [- - -]
die Lakedaimonier [- - -]
zogen sich geordnet zu den Hügeln zurück. Doch die
Soldaten der Athener setzten jenen nicht nach, verfolgten
aber die Megarer auf [- - -]
der Straße, die zur Stadt führt, und erschlagen eine große
Zahl von ihnen.

Danach verheeren sie das Land, geben unter dem Schutz

　　　[μόντες τὴν χ]ώραν καὶ τοὺς νεκροὺς
15　[ἀποδόντες ὑπο]cπόνδους τῶν Μεγαρέ-
　　　[ων] κα[ὶ τοὺς τῶ]ν Λακεδ[α]ιμονίων (ἀπέ-
　　　[θα]νον [δὲ το]ύτων ὡc εἴκοcιν) ἱcτᾶcιν
　　　[τρ]οπαῖ[ον· τ]αῦτα δὲ ποιήcαντες ἀνεχώ-
2　[ρ]ηcαν πάλιν ἐπ{ὶ} οἴκου. Ἀθηναῖοι δὲ πυ-
20　[θ]όμενοι τὰ περὶ τῆς μάχης τοῖc μὲν
　　　[cτ]ρατηγοῖc ὠργίζοντο καὶ χαλεπῶc εἶ-
　　　[χο]ν ὑπολαμβάνοντες [π]ροπετῶc αὐ-
　　　[το]ὺc ἀνελέcθαι τὸν κίνδ[υ]νον καὶ κυ-
　　　[βε]ῦcαι περὶ ὅλης τῆc πόλεωc, ἐπὶ δὲ τῆ̣ι
25　[νί]κη̣ι περι[χα]ρεῖ[c] ἦcαν· ἐ[τ]ύγχανον γὰρ
　　　[Λα]κεδαιμον[ίω]ν οὐδέποτε πρότερον κ[ε-]
　　　[κρατη]κότεc [ἀπὸ τῆc] περὶ Π[ύλο]ν̣ .. [.]α̣-
　　　[.....] .... [--- ca. 18 ---]αν
　　　---

desunt versus nonnulli

c. 2　　　---
　　5. τ[.....].. [---]
　　　υ[....]τ.[.]ρ̣.[---]
　　　η.[....]cτρατε[---]
　　　π.[.χ]ρήματα [---]
　5　cαν [ἀ]ναγκαζ[---]
　　　τυχ[.]ν̣ ἰδιωτ[---]
　　　οὐδ[ὲ]ν ἧττον [---]
　　　τω[....]ιc εἰω[---]
　　　..[..]ρ̣[.]ων κα[---]
　10　ἐξ [αὐτ]ῆc τῆc [---]
　　　γε[.....]επ[---]
　　　ωc.[---]
　　　των[---]
　　　χου[.]ιω̣.[---]
　15　ται προς[---]
　　　χρω[---]
　　　..[--- ἐπι-]

eines Waffenstillstandes die gefallenen Megarer heraus sowie auch die getöteten Lakedaimonier — etwa zwanzig von diesen waren gefallen — und errichten ein Siegesmal.

Nach solchen Taten kehrten sie wieder nach Hause zurück.

(2) Als aber die Athener vom Verlauf der Schlacht erfuhren, zürnten sie ihren Feldherrn und waren aufgebracht; denn sie unterstellten, jene hätten sich verwegen in die Gefahr begeben und das Schicksal der ganzen Polis aufs Spiel gesetzt. Doch über den Sieg waren sie außerordentlich erfreut: denn die Lakedaimonier hatten sie nie wieder bezwingen können [seit dem Kampf] um P[ylos ...].

Zwei Zeilen sind unleserlich.

Einige Zeilen fehlen.

Sp. 2   **5.** *Text stark verstümmelt; erkennbar ist die Erwähnung des Pedaritos und ein Rückverweis auf die Schilderung des namentlich zitierten Thukydides. Das Fragment handelt vermutlich von der Rückeroberung der Insel Chios durch den spartanischen Nauarchen Kratesippidas, dessen Name aber im Text nicht nachweisbar ist.*

τηδευμ[- - -]
μηνα . [.]υ̣[- - -]
20 τος καταπο[- - -]
ρος αὐτίκα [- - -]
τα κατὰ τὴν̣ [- - -]
οις ὁ Πεδάρ{ε}ι̣[τος - - -]
ἀρχὴν ἐπηγα̣[γ - - -]
25 οὔθ᾽οἵτινες ἐ . [- - - δυ-]
ναστείαν, οὐδ[- - - φι-]
λοτιμίας ἀπε . [- - - ca. 16 - - -]
νως διέςωςαν τη[- - -]
Ἀθηναίων ἠτ[τήθηςαν καρτερᾷ ναυμαχί-]
30 α̣ τῇ γενομένη [- - - πε-]
ρὶ ἧς καὶ Θουκ[υδίδης - - -]
Πε{ρι}δαριτο̣[- - - ca. 17 - - -]
μεν τῶν α[- - -]
τες εὐθέως [- - -]
35 τ̣ατην ν̣α[- - -]
[. . . . . .]κ̣[- - -]

desunt versus nonnulli

FB 6. [- - -]α̣[. .]α̣υ̣τ̣[- - - ca. 14 - - -]
c. 3 [. . . .] . . . . εἰώθει γὰ̣[ρ . . . .]
[. . . ὁ]μολογίας εὐθέως . [. . . . . . . τοὺς]
2 [φυγ]ά̣δας. παρ᾽αὐτῷ μὲν γ[ὰρ . . . .]ν̣ ἐν̣
5 [τῷ νε]ῷ τῷ τῆς Δήμητρ[ος καὶ Κό]ρης, ὃ[ς]
[ἐγγ]ὺ̣ς τοῖς τείχεςί ἐςτι [. . . . .]ου διὰ τὴν
[. . . .]ν ἐγεγόνει τῇ [ὕλῃ, νύκ]τωρ [δ]ὲ κατὰ
[τακ]τὸν μὲν χρόνο[ν ἡςυ]χίαν εἶχεν
[ἐγκρ]ύψας αὐτὸν εἰς τὴ[ν] ὕλην· ὅτε δὲ
10 [κατας]ταίη φύλαξ ὁ Ἀθη[ναῖο]ς, ἐκεῖνος
μὲν καθεὶς ὑπὲρ τοῦ τείχ[ους] ςπάρτον
ἐποίηςεν [ἄ]ν τι ςημεῖον ὅτ[ι] παρε[ί]λη-
φεν τὴ[ν φ]υλακήν, ἢ φθεγξάμενο[ς ἢ λί-]
θῳ βαλών, ὁ δὲ Μύνδ⟨ι⟩ος ἐξελ[θὼν ἐ]κ τῆς
15 ὕλης πρῶτον μὲν εἴ τι γραμματεῖον

Einige Zeilen fehlen.

F B   **6.** (1) [*Eineinhalb Z. unleserlich*]

Sp. 3   pflegte nämlich [- - -]

Übereinkunft sogleich [- - -]

die Verbannten.

(2) Bei ihm nämlich [...]

in dem Tempel der Demeter und Kore, der

[nahe] der Mauern liegt wegen des Waldes

Er hielt sich immer zur verabredeten Zeit im Walde auf. Er trat erst bei Nacht hervor, die übrige Zeit aber blieb er ruhig im Walde verborgen. Doch wenn der Wachtposten Athenaios erschien, ließ dieser über die Mauer ein Seil herunter und gab jedesmal ein Zeichen, daß er die Wache übernommen habe, oder er rief auch oder warf mit einem Stein. Darauf kam der Myndier aus dem Wald heraus und nahm zunächst, wenn eine Nachricht heruntergelassen

εἴη παρ'ἐκείνου καθειμένον ⟦τε⟧ ἐλάμ-
βα[νε]ν καὶ διεφύλαττ[ε]ν, [ἔπειτ]α δὲ προ[c-]
ἧψεν αὐτὸc ἂν ἕτερον [τῷ cπάρτῳ γ]ραμμ[α-]

finis columnae

c. 4   [τεῖον - - -]

desunt versus nonnulli

        ν[- - - ca. 30 - - -]
   3 τοντα[- - - ca. 26 - - -]
        τὸ τεῖχ[οc - - - ca. 23 - - -]
        χου εξ[- - - ca. 23 - - -]
   5 νῦν [- - - ca. 28 - - -]
        φυλ[α - - - ca. 27 - - -]
        . ε . . [. .]ρ . [- - - ca. 27 - - -]
        των ο[- - - ca. 27 - - -]
        . πλει[- - - ca. 26 - - -]
   10 τερα . [- - - ca. 26 - - -]
        θενα̣[- - - ca. 27 - - -]
        . . . . [- - - ca. 27 - - -]

finis columnae

F C   - - -
c. 5   7. [- - -]ην
        [- - -]μεθ'ἡμέ-
        [ραν - - -] . . ατηcε
        [- - -] . . . . αι
   5 [- - -] . ν ἡμέραν
        [- - -]τ̣ων τὸν
        [- - -]ιραc καλου-
        [μεν - - -]ιτο μὲν
        [- - -]ων δὲ προc
   10 [- - -]ε̣α̣ν̣ε̣υ̣
        [- - -]ε̣κ̣λε

worden war, diese in Empfang und verwahrte sie, dann aber befestigte er selbst wieder eine andere Nachricht an dem Seil [...].

Ende der Spalte.

Sp. 4

(3) *Fast völlig verstümmelt. Lesbar nur* »die Mauer«.

Ende der Spalte.

F C

Sp. 5

7. *Text ebenfalls stark verstümmelt; isolierte Erwähnung der Polis Klazomenai, eines Königs und von Inseln.*

[- - -]πλευ
[- - -]ουθ . . .
[- - -]ῳηϲι
15 [- - -]ουϲαϲ
[- - -]ι ἐρῆμοι
[- - - ἀ]φελομε-
[ν - - -]βαϲιλέ-
[ωϲ - - -]αϲεπο
20 [- - -]ϲ νήϲοιϲ
[- - -]ϲ ἐκει
[- - -] ταῖϲ Κλα-
[ζομεναῖϲ - - -] . ηϲοϲ
[- - -] . . [.]τọ
25 [- - -]
[- - -]ϲον
[- - -]ϲ ἄριϲτα
[- - -] . . τọν̣
[- - -]ụτωι ταυ-
30 [- - -] μὴ προϲ
[- - -]θειρ .

desunt versus saltem 3

finis columnae

c. 6 - - -
8. [. .] . [- - - ca. 29 - - -]
νηϲιῳ[. ω̣]ϲπερ εἰώ[θει - - - ca. 13 - - -]
ραϲ ἐκπ[έ]μπειν ν[αῦϲ - - - ca. 14 - - -]
αὐτάϲ, πληρώϲαϲ τρ[ιήρειϲ δέκα τὰϲ ἄριϲτα]
5 πλεούϲαϲ, τὰϲ μὲν ἑτ[έραϲ ἐκέλευϲε ναυ-]
λοχεῖν ἕωϲ ἂν ἀπάρω[ϲιν αἱ τῶν πολεμί-]
ων πόρρω τῆϲ γῆϲ, [αὐτὸϲ δὲ ταῖϲ δέκα προ-]
ἔπλει πρὸϲ τὴν Ἔφεϲ[ον - - - ca. 14 - - -]
2 προϲαξόμενοϲ αὐτά[ϲ. Λύϲανδροϲ δὲ κατι-]
10 δὼν α[ὐ]τοὺϲ τρεῖϲ να[ῦϲ εὐθὺϲ καθεῖλκεν· αἵ-]
περ κα[ὶ] πρότερον αὐ[τ - - - ca. 14 - - -]

Mindestens drei Zeilen fehlen.

Ende der Spalte.

Sp. 6   - - -

8. (1) [- - -]
wie gewohnt [- - -]
auszusenden [- - -]
sie. Die zehn am besten fahrenden Trieren bemannte er.
[Den übrigen befahl er], sich bereitzuhalten, bis sich die
feindlichen Schiffe weit vom Land entfernt hätten.
[Er aber - - -] fuhr gegen Ephesos [- - -] voraus, um sie
heranzulocken.

(2) Sobald aber Lysander sie erblickte, [ließ er gleich] drei
[Schiffe ins Wasser ziehen, ...]
zuvor [- - -]

καταδύ[ο]υϲι τὸν Ἀ[ν]τ[ίοχον - - - ca. 9 - - -]
ωϲ καὶ διαφθείρου[ϲιν - - - ca. 11 - - - τῶν]
μὲν Ἀθηναίων φ[οβηθέντεϲ οἱ ϲυμπλέον-]
15 τεϲ εὐθέωϲ πρὸϲ τἄ[μπαλιν ἐτράπηϲαν οὐ]
προνοούμενοι τ[ὸ να]υμα[χῆϲαι κατὰ κρά-]
τοϲ· Λύϲανδροϲ δὲ ἀ[ν]αλαβ[ὼν πάϲαϲ τὰϲ τρι-]
3 ήρειϲ ἐδίωκε τοὺϲ [π]ολεμ[ίουϲ. οἱ δὲ λοιποὶ]
τῶν Ἀθηναίων κ[α]τιδόν[τεϲ ἀπηρκόταϲ]
20 τοὺϲ Λακεδαιμον[ίου]ϲ καὶ δ[ιώκονταϲ τὴν]
αὐτῶν δεκαναΐα[ν] ἐνέβ[ηϲαν εἰϲ τὰϲ ναῦϲ]
ἐπειγόμενοι βοηθῆϲαι τα[ῖϲ διωκομέναιϲ·]
ἐπικειμένων δὲ τῶν ἐν[αντίων ἤδη διὰ]
ταχέων πάϲαϲ μὲν οὐκ ἠδ[ύναντο τὰϲ]
25 τριήρειϲ φθῆναι π[λ]ηρώ[ϲαντεϲ, ταῖϲ δὲ]
πλείϲταιϲ αὐτῶν μ[ι]κρὸν [ἐκ τοῦ λιμέ-]
νοϲ ἀναχθέντεϲ το[ῦ τ]ῶν [Κολοφωνίων]
τὰϲ μὲν προπλευ[ϲά]ϲαϲ [- - - ca. 11 - - - ,]
αὐτοὶ δὲ ταραχθέντεϲ ἁμα[χεὶ - - - ca. 9 - - -]
30 καὶ δι᾿ἀταξίαν ὑπεχώρηϲ[αν τοῖϲ πολε-]
μίοιϲ. Λακεδαιμόνιοι δὲ κα[τιδόντεϲ φεύ-]
γον[τα]ϲ τοὺϲ Ἀθηνα[ί]ουϲ ἐπε[νεχθέντεϲ δι-]
αφθείρουϲιν αὐτῶν ⟨ - - - ⟩ καὶ λα[μβάνουϲιν εἴ-]
κοϲι καὶ δύο ναῦϲ, τὰϲ δὲ λοιπὰ[ϲ εἰϲ τὸ Νότι-]
35 4 [ο]ν κατέκλειϲαν. ἐκεῖνοι μὲν ο[ὖν διαπραξά-]
μενοι ταῦτα καὶ τροπαῖον ϲτ[ήϲαντεϲ]
πρὸϲ τῷ λιμένι τῆϲ πόλεωϲ εἰϲ [τἄμπα-]
λιν ἀπῆλθον· Ἀθηναῖοι δὲ παραυ[τίκα μὲν]
ἡ[ϲ]υχίαν εἶχον, παρελθουϲῶ[ν δὲ δυεῖν ἢ]
40 τριῶν ἡμερῶν θεραπεύϲ[αντεϲ . . . . .]

finis columnae

F D   - - -
c. 7   [- - -] εχοντ[- - -]
        [- - -]ωνου[- - -]
        [- - - τετ]αγμέν[- - -]
        [- - -] . ϲτηϲ . [- - -]

den Antiochos versenken [- - -]
und vernichten. [- - -]
Jene von den Athenern, die mit ausgelaufen waren,
bekamen Angst und machten rasch kehrt, ohne daran zu
denken, mit aller Macht zu kämpfen. Lysander aber nahm
alle seine Trieren und verfolgte die Feinde.

(3) Als die übrigen Athener sahen, daß die
Lakedaimonier ausgefahren waren und ihr Geschwader von
zehn Schiffen verfolgten, gingen sie sofort an Bord und
beeilten sich, ihren Schiffen zu Hilfe zu kommen.
Doch da die Gegner schon rasch herandrängten, konnten sie
nicht mehr rechtzeitig sämtliche Trieren bemannen.

Sie fuhren daher mit den meisten nur eine kurze Strecke aus
dem Hafen von [Kolophon] heraus, die vorausgefahrenen
aber [- - -]

gerieten selbst in Verwirrung, kampflos [- - -]
und mußten wegen ihrer ungeordneten Aufstellung vor den
Feinden zurückweichen. Als die Lakedaimonier sehen, daß
die Athener flüchten, gehen sie zum Angriff über und
zerstören von ihnen und erobern zweiundzwanzig Schiffe.
Den Rest schlossen sie in Notion ein.

(4) Jene kehrten nun, nachdem sie dies vollbracht und am
Hafen der Stadt ein Siegeszeichen errichtet hatten, nach
Ephesos zurück. Die Athener aber hatten für den
Augenblick Ruhe, doch nach [- - -] zwei oder drei Tagen,
als sie ausgebessert hatten [- - -].

Ende der Spalte.

F D   *Das Fragment besteht aus sieben stark zerstörten Zeilen; Ergänzung*
Sp. 7   *und Anordnung des Fragmentes sind unklar.*

5   [--- ὀλ]ίγῳ πλεί[ουс ---]
      [--- τ]οῖс ἱπ[πεῦсι ---]
      [---]δυο . [---]

Fragmenta Londinensia

F A   9. ὑπὸ δὲ τοὺ[с αὐτοὺс χρόνο]υс ἐξέπλευсε τριήρηс
c. 1   Ἀθήνηθεν [οὐ μετὰ τῆс τοῦ] δήμου γνώμηс, ἦ[ν]
        δὲ Δημαίν[ετ]ος ὁ κύ[ρ]ιος αὐ̣τῆс κοινωсάμενο[с ἐν]
        ἀπορ⟨ρ⟩ήτῳ τ[ῇ β]ουλῇ, ὡс λέγεται, περὶ τοῦ πράγ[ματος]
5   ἐπειδὴ [с]υν[έс]τηсαν αὐτῷ ⟨τινες⟩ τ[ῶ]ν πολιτῶν сὺν̣ [οἷс]
        καταβὰс εἰс Πειραιᾶ καὶ καθ[ελκύсαс] ναῦν ἐκ τ[ῶ]ν
      2 νεωсοίκων ἀναγόμεν[ος ἔπλει πρὸ]с Κόν[ων]α. θο-
        ρύβου δὲ μετὰ ταῦτα γε[νομένου,] καὶ τ[ῶν] Ἀθη-
        ναίων ἀγανακτούντω[ν ὅсοι γνώ]ριμ[οι κ]αὶ χα-
10   ρίεντες ἦсαν καὶ λεγ[όντων ὅτι κατα]βα[λοῦ]сι τὴν
        πόλιν ἄρχοντες πολέ[μου πρὸс Λακ]εδαιμον[ί-]
        ους, καταπλαγέντες οἱ β[ουλευταὶ τὸ]ν θόρυβον сυν-
        ήγαγον τὸν δῆμον οὐδὲν προс[π]οιούμενοι με-
        τεсχηκέναι τοῦ πράγματος. сυνεληλυθότος δὲ
15   τοῦ πλήθους ἀνιстάμενοι τῶν Ἀθηναίων οἵ τε
        περὶ Θραсύβουλον καὶ Αἴсιμον καὶ Ἄνυτον ἐδίδα-
        сκον αὐτοὺс ὅτι μέγαν ⟨ἀν⟩αιροῦνται κίνδυνον εἰ
      3 μὴ τὴν πόλιν ἀπολύсουсι τῆс αἰτίας. τῶν δὲ Ἀθη-
        ναίων οἱ μὲν ἐπ⟨ι⟩εικεῖс καὶ τὰс οὐсίαс ἔχοντες ἔ-
20   στεργον τὰ παρόντα, οἱ δὲ πολλοὶ καὶ δημοτικοὶ
        τότε μὲν φοβηθέντες ἐπείсθηсαν τοῖс сυμβουλεύ-
        ουсι, καὶ πέμψαντες πρὸς Μίλωνα τὸν ἁρμοστὴν
        τὸν Αἰγίνηс εἶπο[ν] ὅπως δύ[ν]αται τιμωρεῖсθαι
        τὸν Δημαί[νε]τον, ὡς ο[ὐ μ]ετὰ τῆс πόλεως ταῦτα
25   πεποιηκότα· [ἔμ]προсθ[εν δὲ с]χεδὸν ἅπαντα τὸν
        χρόνον ἐτάρ[ατ]τον τ[ὰ πράγ]ματα καὶ πολλὰ τ[ο]ῖс
    10. Λακεδαιμο[νίοι]с ἀ[ντέπρα]ττον. ἀπέπεμπ[ο]ν
        μὲν γὰρ ὅπλ[α τε καὶ ὑπη]ρεсίαс ἐπὶ τὰс ναῦс τὰς
        μετὰ τοῦ Κ[όνωνος, ἐπέμ]φθηсαν δὲ πρέсβ[ει]с
30   ὡс βαсιλέα π[. . . . οἱ περὶ . .] . . κράτη τε καὶ Ἀγνί-

[- - -] wenig mehr [- - -]
[- - -] den Reitern [- - -]
[- - -]
[- - -]

Londoner Fragmente

F A
Sp. 1

9. (1) Zur selben Zeit fuhr von Athen eine Triere aus, ohne daß ein Volksbeschluß ergangen war. Ihr Herr war Demainetos, und man sagt, er habe heimlich den Rat über sein Unternehmen unterrichtet, denn einige Bürger seien mit ihm im Bunde gewesen. Mit diesen zusammen ging er zum Piräus hinunter, ließ aus den Schiffshäusern ein Schiff zu Wasser, stach in See und fuhr zu Konon.

(2) Als es danach zu Aufruhr kam und sich die angesehenen und vornehmen Athener empörten und erklärten, daß jene die Polis in eine schlimme Lage bringen würden, wenn sie Krieg mit den Lakedaimoniern begännen, da waren die Ratsherrn über den Aufruhr bestürzt und beriefen die Volksversammlung ein. Dabei taten sie so, als hätten sie keinerlei Anteil an dem Unternehmen gehabt. Als die Menge versammelt war, standen jene Athener, die dem Thrasybulos, Aisimos und Anytos anhingen, auf und belehrten das Volk, daß sie eine große Gefahr auf sich nähmen, wenn sie nicht jede Verantwortung der Polis ablehnten.

(3) Die gemäßigten und wohlhabenden Athener waren mit der augenblicklichen politischen Lage einverstanden, die Masse und die einfachen Leute hingegen hörten damals in ihrer Angst auf jene, die ihnen rieten, und schickten zu Milon, den Harmosten von Ägina, eine Abordnung. Diese sollte ihm sagen, er könne den Demainetos bestrafen, da er ohne Einwilligung der Polis so gehandelt habe. Schon zuvor hatten manche fast die ganze Zeit über diese Politik vorangetrieben und in vielem gegen die Lakedaimonier gearbeitet.

10. (1) Sie schickten nämlich wiederholt Waffen und Seeleute zu Konons Flotte, und bei früherer Gelegenheit war [eine Gruppe um ...]krates, Hagnias und Telesegoros als Gesandtschaft zum Großkönig geschickt worden, die der damalige Nauarchos

αν καὶ Τελε[cήγ]ορον· οὒc καὶ cυλλαβὼν Φάραξ ὁ
πρότερον ναύαρχοc ἀπέcτειλε πρὸc τοὺc Λ[α]κε-
2 δαιμονίουc, οἱ δ᾽[ἀ]πέκτειναν αὐτούc. ἠναντι-
οῦντο δὲ ταῦτα παροξυνόντων τῶν περὶ τὸν
35 Ἐπικράτη καὶ Κέφαλον· οὗτοι γὰρ ἔτυχον ἐπιθυ-
μοῦντεc ⟨ἐκπολεμῶcαι⟩ μάλιcτα τὴν πόλιν, καὶ ταύτην ἔcχον
⟨τὴν γνώμην⟩ οὐκ ἐπειδὴ Τιμοκράτει διελέχθηcαν καὶ [τ]ὸ̣
c. 2 χρυcίον [ἔλαβον, ἀλλ᾽ἤδη πολὺ]πρότερον. καίτοι τι-
νὲc λέγ[ουcιν αἴτια γενέcθ]αι τὰ παρ᾽ἐκείνου χρήματα τ[οῦ c]υ̣[cτῆναι τούτουc καὶ] τοὺc ἐν Βοιωτοῖc
καὶ τοὺc ε[ν τ]α̣[ῖc ἄλλαιc πόλεcι τ]αῖc προειρημένα[ιc,]
5 οὐκ εἰδότεc ὅτι π[ᾶcιν αὐτοῖc cυ]νεβεβήκει πάλαι
δυcμενῶc ἔχειν [πρὸc Λακεδαιμο]νί[ο]υc καὶ cκοπεῖν
ὅπωc ἐκπολεμώ[coυcι] τ[ὰc πόλει]c. ἐμίcουν γὰρ οἱ
μὲν Ἀργεῖοι καὶ Β̣ο̣ι̣ω̣τ[οὶ δυνα]τ̣ώτα⟨το⟩ι τοὺc Λακεδαιμονίουc ὅτι τοῖc ἐναν[τίοι]c τῶν πολιτῶν
10 αὐτοῖc ἐχρῶντο φίλοιc, [ο]ἱ̣ δ᾽[ἐ]ν ταῖc Ἀθήναιc ἐπι-
θυμοῦντεc ἀπαλλάξαι τ[οὺ]c Ἀθηνα[ί]ουc τῆc ἡ-
cυχίαc καὶ τῆc εἰρήνηc καὶ [πρ]οαγαγεῖν ἐπὶ τὸ πολεμεῖν καὶ π[ολ]υπρα[γ]μονεῖν, ἵν᾽αὐτοῖc ἐκ τῶν
3 κοινῶν ᾖ χρηματίζεc[θ]αι. τῶν δὲ Κορινθίων
15 οἱ μεταcτῆcαι τὰ πρά[γμ]ατα ζητοῦντεc οἱ μὲν
ἄλλοι ⟨παραπληcίωc?⟩ τοῖc Ἀργείοιc καὶ τοῖc Βοιωτοῖc ἔτυχον δυcμ[ε-]
νῶc διακείμενοι πρὸc τοὺc Λακεδαιμονίουc, Τ[ιμό-]
λαοc δὲ μόνοc αὐτοῖc διάφοροc γεγονὼc ἰδ[ί]ων ἐγ-
κλημάτων ἔνεκα, πρότερον ἄριcτα διακείμεν[οc]
20 καὶ μάλιcτα λακωνίζων, ὡc ἔξεcτι καταμαθεῖν
ἐκ τῶν κατὰ τὸν πόλεμον cυ[μ]βάντων τὸν Δεκ[ε-]
4 λεικόν. ἐκεῖνοc γὰρ ὁτὲ μὲν πεντανάïαν ἔχων
ἐπόρθηcε τῶν νήcων τινὰc τῶν ἐπ᾽Ἀθηναίο[ι]c
οὐcῶν, ὁτὲ δὲ μετὰ δύο τ[ρ]ιήρων εἰc Ἀμφίπολιν
25 καταπλεύcαc καὶ παρ᾽ἐ[κεί]νων ἑτέραc τέτ[τα]ραc
cυμπληρωcάμ[ενοc ἐνίκη]cε Cί⟨μιχ⟩ον ναυμ[αχ]ῶν
τὸν cτρατηγὸν [τῶν Ἀθηνα]ίων, ὥcπερ εἴρηκ[ά π]ου
καὶ πρότερον, κ[αὶ τριήρε]ιc τὰc πολεμ[ί]αc [ἔλα]βεν
οὔcαc πέντε κ[αὶ ναῦc ἃc ἔπ]εμψαν τριά[κοντ]α·
30 μετὰ δὲ ταῦτα [........] ἔχων τριήρ[ειc] κατα-

Pharax festnahm und den Lakedaimoniern überstellte, welche sie hinrichteten.

(2) Dieser Widerstand wurde von der Gruppe um Epikrates und Kephalos geschürt; diese waren nämlich besonders darauf aus, die Polis in einen Krieg zu verwickeln. Und diese Absicht verfolgten sie nicht erst, nachdem sie sich mit Timokrates besprochen und das

Sp. 2 Gold empfangen hatten, sondern schon viel früher. Und doch behaupten einige, daß erst die von jenem empfangenen Gelder Ursache dafür gewesen seien, daß sich diese Männer und jene in Boiotien und in den anderen oben genannten Städten zusammentaten. Sie behaupten dies ohne zu wissen, daß diese alle schon lange einen Groll gegen die Lakedaimonier hegten und darauf sahen, die Städte in einen Krieg hineinzuziehen. Einerseits haßten nämlich die Mächtigen in Argos und Boiotien die Lakedaimonier, weil sie ihre Gegner unter den Mitbürgern als Freunde behandelten, und andererseits taten dies auch jene in Athen, welche die Athener von Ruhe und Frieden abbringen und für Krieg und eine Politik gefährlicher Neuerungen gewinnen wollten, um aus dem Staatsschatz Nutzen zu ziehen.

(3) In Korinth war die Mehrheit jener, die einen Umsturz der Verhältnisse anstrebten, in gleicher Weise wie die Argiver und Boioter den Lakedaimoniern feindlich gesinnt; nur Timolaos war wegen persönlicher Beschwerden ihr Gegner geworden. Dabei hatte er zuvor beste Beziehungen zu ihnen unterhalten und war ein entschiedener Lakedaimonierfreund gewesen, wie man aus den Geschehnissen während des Dekeleischen Krieges erkennen kann.

(4) Einmal verheerte er nämlich mit einem Geschwader von fünf Schiffen einige der unter athenischer Herrschaft stehenden Inseln, ein andermal fuhr er mit zwei Trieren nach Amphipolis, bemannte mit dortiger Hilfe vier weitere Trieren und besiegte den athenischen Strategen Simichos [?] in einer Seeschlacht, wie ich schon an früherer Stelle berichtete. Dabei erbeutete er die feindlichen Trieren, fünf an Zahl, und dreißig [Begleitfahrzeuge ?]. Danach [- - -] landete er mit Trieren auf Thasos und brachte

πλεύcαc εἰc Θάc[ο]ν ἀπέcτηcε ταύτην τ[ῶ]ν Ἀθη-
5 ναίων. οἱ μὲν οὖν ἐν ταῖc πόλεcι ταῖc προει-
ρημέναιc διὰ ταῦτα πολὺ μᾶλλον ἢ διὰ Φαρνάβαζον καὶ τὸ χρυcίον ἐπηρμένοι μιcεῖν ἤ[c]αν
35 11. τοὺc Λακεδαιμονίουc. ὁ δὲ Μίλων ὁ τῆc Αἰγί[ί-]
νηc ἁρμοcτή[c], ὡc ἤκουcε τὰ παρὰ τῶν Ἀθην[αί-]
ων, cυμπληρωcάμενοc τριήρη διὰ ταχέω[ν]
ἐδίωκε τὸν Δημαίνετον. ὁ δὲ κατὰ τοῦτον τ[ὸν]
χρόνον ἔτυχε μὲν ὢν περὶ Θορικὸν τῆc Ἀτ-
40 2 τικῆc· ἐ[πει]δὴ δὲ προcπλεύcαc ἐκεῖν[ο]c πρὸ[c]
c. 3 [. . . . . .] ἐπεχείρη[cεν . . . . .]ειν, ὥρμηcεν ἐπὶ Πο[ιῆc-]
[cαν πλ]εῖν· κρατήc[αc δὲ μιᾶc ν]εὼc αὐτῶν τὴν μὲν ὑ-
[φ'αὑτῷ] ναῦν, ὅτι χε[ῖρον ἦν τὸ cκ]άφοc, αὐτοῦ κατέλ[ιπ]ε̣ν,
[εἰc δὲ] τὴν ἐκείν[ων μεταβιβ]άcαc τοὺc αὐτοῦ ναύ-
5 [ταc πρ]ο̣έπλ[ε]υ̣cε̣ν̣ [ἐπὶ τὸ cτρά]τευμα τὸ μετὰ τοῦ
[Κόνωνοc - - - ca. 14 - - - Μίλ]ων εἰc Αἴγιναν με-
12. [τ - - - ca. 18 - - - τὰ μ]ὲν οὖν ἁδρότατα τῶν
[κατὰ τὴν Ἑλλάδα τῷ χειμῶν]ι τούτῳ cυμβάντων
[οὕτωc ἐγένετο· ἀρχομένου] δὲ τοῦ [θ]έρουc τῇ μὲν
10 [- - - ca. 22 - - -] ἔτοc ὄγδοον ἐνειcτήκει.
[- - - ca. 23 - - -]αροc τὰc τριήρειc απα-
[- - - ca. 20 - - - ἐ]κεῖ δὲ καταπλεύcαc τὰc
[- - - ca. 22 - - -]ε̣ν, ἔτυχεν γὰρ αἰεὶ του
[- - - ca. 20 - - - κατεc]κευακὼc ἦν νεώρια
15 [- - - ca. 25 - - -]ς̣ ὅπου cυνέπιπτεν
[- - - ca. 24 - - -] τὸν δὲ Φαρνάβαζον α-
[- - - ca. 23 - - -] παραγενέcθαι βουλό-
[μενοc - - - ca. 19 - - -]αι καὶ μιcθὸν ἀπολα-
2 [βεῖν - - - ca. 17 - - -] . οc μὲν οὖν αὐτοῦ διε-
20 [. . . . . ., ἐπὶ δὲ τὰc ναῦc τῶν Λα]κεδαιμονίων καὶ τῶν
[cυμμάχων ἀφικνεῖται Πόλλιc] ναύαρχοc ἐκ Λακε-
[δαίμονοc εἰc τὴν ναυαρχίαν τὴ]ν Ἀρχελαΐδα κατα-
[cτὰc διάδοχοc. κατὰ δὲ τὸν αὐ]τὸν χρόνον Φοινίκων
[καὶ Κιλίκων ἧκον ἐνενήκοντ]α νῆεc εἰc Καῦνον, ὧν
25 [δέκα μὲν ἔπλευcαν ἀπὸ Κιλι]κίαc, αἱ δὲ λείπουcαι
[- - - ca. 24 - - -]αc αὐτῶν ὁ Cιδώνιοc
[δυνάcτηc - - - ca. 11 - - - βαc]ιλεῖ τοῖc ταύτηc τῆc

die Insel zum Abfall von Athen.

(5) In den oben genannten Städten fühlte man sich weit mehr aus den erwähnten Gründen als wegen des Pharnabazos und seines Geldes zum Haß gegen die Lakedaimonier aufgerufen.

11. (1) Sobald Milon, der Harmost auf Ägina, von den Athenern informiert wurde, bemannte er in Eile eine Triere und ließ den Demainetos verfolgen. Dieser befand sich zu der Zeit gerade bei dem attischen Ort Thorikos.

(2) Als jener an [- - -] heransegelte,

Sp. 3 versuchte [- - -] Demainetos beeilte sich nach Po[iessa zu gelangen]. Er nahm sich eines ihrer Schiffe, ließ sein eigenes, weil es ein schlechteres Fahrzeug war, zurück und brachte seine Seeleute auf deren Schiff hinüber. Damit setzte er die Fahrt zum Heer [Konons] fort, [während - - - Mil]on nach Ägina [zurückkehren mußte - - -].

12. (1) Die wichtigsten Ereignisse, [die sich - - - während dieses Winters] abspielten, [verhielten sich nun so]. Mit Beginn des Sommers aber war das achte Jahr der [spartanischen Vorherrschaft ?] eingetreten

[- - -]aros die Trieren

[- - -] segelte dorthin

[- - -] hatte zufällig immer

[- - -] die Schiffswerften eingerichtet

[- - -] wo es sich zutrug

[- - -] den Pharnabazos aber

[- - -] wollte zugegen sein

[- - -] und Sold empfangen [- - -]

(2) [- - -]os nun dort [- - -]. Zu der Flotte der Lakedaimonier und [Bundesgenossen aber kam Pollis] als Nauarch aus Lakedaimon, [der in der Nauarchie die Nachfolge des ?] Archelais antrat. Zur selben Zeit trafen [neunzig] Schiffe der Phöniker [und Kilikier] in Kaunos ein, von denen [zehn aus Kili]kien kamen, der Rest aber

[- - -] der sidonische

[Dynast - - -] dem König jenen dieses

Landes [- - -] um die Nauarchie Phar-

[χώρας - - - ca. 16 - - - πε]ρὶ τὴ[ν] ναυαρχίαν Φαρ-
[νάβαζος - - - ca. 17 - - -]ντων αὐτὸν τῶν παρα
30 [- - - ca. 21 - - -] . αρος τὰ περὶ τὴν ἀρχὴν
3 [- - - ca. 16 - - - τὸ στρατό]πεδον. Κ[ό]νων δὲ προς-
[- - - ca. 21 - - - αἰ]σθόμενος ἀναλαβὼν
[- - - ca. 16 - - - καὶ συμ]πληρώσας τὰς τριήρεις
[- - - ca. 16 - - - ὡς τάχι]στα ποταμ[ὸ]ν τὸν Καύ-
35 [νιον καλούμενον εἰς λίμνη]ν τὴν Κ[α]υνίαν εἰσέπλευ-
[σε - - - ca. 17 - - - το]ῦ Φαρναβάζου καὶ τοῦ Κό-
[νωνος - - - ca. 17 - - - φέ]ρνη[ς] ἀνὴρ Πέρσης πα-
[- - - ca. 22 - - -] τῶν πραγμάτων, ὃς
[- - - ca. 20 - - - ἠβ]ούλετο λαβ[ε]ῖν [κ]ατα
40 [- - - ca. 14 - - -] . ν δὲ πρ[.] . [. . .]ν[.]με[. .]υ φιλ[ί]αν
[- - - ca. 11 - - -] . ος ἀπέπεμψεν ὡ[ς] βασιλέα ς[. . .]α
[- - - ca. 11 - - - τ]ὴν σκηνὴν αὐτοῦ . [. . . . . .]ῆλθ[ε . .]ν
[- - - ca. 11 - - - ἀ]παγγείλας δὲ τὰ π[. . . . .]εασα[. .]υ

desunt versus 25

c. 4 **13.** . [- - -]
        . [- - -]
        α[- - -]
        φε[- - -]
30   α . [- - -]
        π[- - -]
        β . [- - -]
        τα[. .]τα[- - -]
        ποντα[- - -]
35   ἀρχ[ο]ντ . [- - -]
        κους ἱστ[- - -]
        σιν τὰς μ[- - -]
        [.]ωσιν πρ[- - -]
        [. .] τεκελ[- - -]
40   νων οὐδ[- - -]
        ἔχοντες [- - -]
        εἶχον γὰ[ρ - - -]

[nabazos - - -]

[- - -] ihn von den

[- - -]aros um die Führung [- - -] das Heerlager.

   (3) Konon aber

[- - -] erfuhr, nahm er auf

[- - - und] bemannte die Trieren

[- - -] fuhr möglichst schnell den [sogenannten Fluß]
Kau[nios ... in den Hafen] von Kaunos ein

[- - -] des Pharnabazos und des Konon

[- - -]phernes, ein Perser,

[- - -] der Angelegenheiten, welcher

[- - -] nehmen wollte

[- - -] Freundschaft

[- - -] schickte zum König weg [- - -]

[- - -] sein Zelt [- - -]

[- - -] meldete aber [- - -].

Es fehlen 25 Zeilen.

13. *Nur einzelne Buchstabenreihen erhalten.*

perierunt columnae nonnullae

F B 14. [---], εἰςὶν δὲ κα[...]

c. 5   [--- ca. 28 --- τῶ]ν ἱππέων [...]

    [--- ca. 30 ---]· ἔνιοι δὲ πρ[...]

    [--- ca. 28 ---]ςτιον. ἡ μὲν [οὖν]

5   [--- ca. 27 ---] τοιαύτη κ[..]ι[.]

  2 [--- ca. 29 ---]ις. Ἀγηςίλα[ος] δὲ

    [--- ca. 27 --- τὸ] ςτρατόπ[ε]δον,

    [--- ca. 30 --- τὸ] Ḳα[ύς]τρι-

    [ον πεδίον --- ca. 19 ---] τὰ ὄρη ταξάμε-

10 [νος --- ca. 24 ---]ους, ταύτῃ πάλιν

    [--- ca. 22 ---]ης τοιαύτηι φθά-

    [ςας --- ca. 23 ---]ς τὸ ςτρατόπεδον

  3 [--- ca. 26 ---]ειν. Τιςςαφέρ[ν]ης

    [--- ca. 21 --- ἐπηκο]λούθει τοῖς Ἕλλη[ς]ιν

15 [--- ca. 14 --- ἱππέας μὲν ... α]κιςχιλίους κα[ὶ] μυ-

    [ρίους, πεζοὺς δὲ .... μυρίων ο]ὐκ ἐλάττους.

    [Ἀγηςίλαος δὲ --- ca. 13 --- ἡγη]ςάμενος χαλε-

    [πὸν προςβάλλοντας τοὺς πολεμίο]υς ἐκ παρατά-

    [ξεως ἀμύνεςθαι πολὺ τῶν Ἑλλήνων ὑ]περέχοντας,

20 [--- ca. 30 ---]λως καὶ κρα-

    [τ --- ca. 27 ---] ςτρατηγίας

    [--- ca. 27 ---]ςαντα μάχεςθαι

    [--- ca. 25 ---]ων ςτρατευμα

    [--- ca. 27 ---]ςας, οἱ δὲ βάρβα-

25 [ροι --- ca. 24 ---]ες καὶ ςυντετα-

    [γμέν --- ca. 23 ---] ἔχοντες τοςου-

    [τ --- ca. 25 --- δ]υνατὸς ἀφορμᾶν

    [--- ca. 24 --- κα]τεῖδον τοὺς Ἕλλη-

    [νας --- ca. 23 --- ο]ὔτε τὴν πορείαν

30 [--- ca. 28 ---] καταφρονεῖν

    [--- ca. 28 ---]ντες αὐτοὺς

    [--- ca. 28 ---] τοῦ ςτρατεύ-

    [ματος --- ca. 23 ---] προςβαλόν-

    [τ --- ca. 23 --- ἔξ]ωθεν τοῦ πλιν-

35 [θίου --- ca. 23 ---]ον προςέτατ-

Es fehlen einige Spalten.

Sp. 5   **14.** (1) [- - -] sind aber [. . .]

F B   [- - -] der Reiter [. . .]

[- - -] einige aber [. . .]

[- - -], die aber

[- - -] so beschaffen [- - -].

    (2) Agesilaos aber

[- - - das] Heerlager

[- - -] die Ebene des

Kaystros [- - -] die Berge, aufgestellt (?)

[- - -] mit dieser wiederum

[- - -] einer solchen zuvorgekommen (?)

[- - -] das Heerlager [- - -].

    (3) Tissaphernes aber

[- - -] folgte den Griechen

[- - -] mit [- - -]tausend [Reitern] und mit nicht weniger als

[- - - Fußsoldaten].

[Agesilaos aber - - -] fand es wegen der gewaltigen Überlegenheit, die sie den Griechen gegenüber hatten, schwierig, [die angreifenden Feinde] in geordneter Feldschlacht abzuwehren, [- - -] und

[- - -] Strategie

[- - -] kämpfen

[- - -] Heer

[- - -] die Barbaren aber

[- - -] und in fester Ordnung

[- - -] im Besitz von so viel

[- - -] fähig aufzubrechen

[- - -] erblickten die Griechen

[- - -] weder den Marsch

[- - -] verachten

[- - -] sie

[- - -] des Heeres

[- - -] angreifend

[- - -] außerhalb des Karrees

[- - -] befahl

[τε - - - ca. 25 - - -], τοὺς δὲ Πελοπον-

[νησίους καὶ τοὺς cυμμάχους δρόμω]ι προςῆγε πο

[- - - ca. 28 - - - ὡc] ἑώρα τοὺς Ἕλλη-

[νας - - - ca. 23 - - -]λεον α[. .]ων ἀεὶ

40   [- - - ca. 25 - - - ὁ]μοίωc, ε[. .]διε-

[- - - ca. 26 - - -]ν ἐγγυτέρωι μᾶλ-

λο[ν - - - ca. 22 - - - οὐ]δὲν ἀλλ᾿ἢ τὸν

ποτ[αμὸν - - - ca. 19 - - -] γὰρ ἀμφοτερ[. .]

ηγ[- - - ca. 25 - - -]ετ[.]προιόν[τ . .]

45   δε[- - - ca. 24 - - - ὁ]λίγ[. . .]c[. . . . .]

ει[- - - ca. 20 - - - cτρα]τευμ[α . . . .]

4 τε[- - - ca. 24 - - -]αν[. . . .] . . Ἀ[γηcί-]

λα[ος δὲ - - - ca. 25 - - -] . υ[. . .]

τ[- - - ca. 24 - - - cτρατε]υμα[. . .]

50   [- - - ca. 27 - - -]ιπονο[. . .]

[- - - ca. 25 - - - π]αραcκευα[. .]

. [- - - ca. 25 - - -]ίους ἵνα τῆι ν . [. . .]

[- - - ca. 24 - - - κα]τα[ν]έμουcι[. . . .]

κα[- - - ca. 24 - - -]ωνην πολλ[. .]

55   . α[- - - ca. 24 - - -] βουλευcομ[εν . .]

π . [- - - ca. 24 - - -]ν τὸν ενια . [. . .]

οι . [- - - ca. 26 - - -]νοιτινεια[. . .]

ε . [- - - ca. 25 - - - ο]υc ἔγνω κα . [. .]

ο . [- - - ca. 26 - - -] . των τῆς νυκτ[ὸc]

60   . ι[- - - ca. 23 - - - μὲν] ὁπλίτας, [πεν-]

c. 6   τακοcίους δ[ὲ ψ]ιλούς, καὶ το[ύτοιc ἐπέcτηcεν ἄρχοντα]

Ξενοκλέα [C]παρτιάτην, π[αραγγείλαc ὅταν γένωνται]

βαδίζοντε[c] κατ᾿αὐτοὺς [- - - ca. 22 - - -]

εἰς μάχην τ[άττ]εcθαι. [- - - ca. 20 - - -]κ[. .]

5   ἀναστήcας ἅ[μα τῇ ἡμ]έρᾳ [τ]ὸ [cτ]ρά[τε]υ[μα πάλιν] ἀνῆ-

γεν εἰς τὸ πρ[όcθεν. οἱ] δὲ βάρβαροι cυνα[κολουθήc]αντεc

ὡς εἰώθεcα[ν οἱ μὲ]ν αὐτῶν προcέβαλλ[ον] τοῖc Ἕλλη-

cιν, οἱ δὲ πε[ριίππε]υον αὐτούς, οἱ δὲ κ[α]τὰ τὸ πε-

5 δίον ἀτάκτ[ως ἐπ]ηκολούθουν. ὁ δὲ Ξ[ε]νοκλῆς,

10   ἐπειδὴ καιρ[ὸν ὑπ]έλαβεν εἶναι τοῖc πολεμίοις ἐπι-

χειρεῖν, ἀνα[cτήc]ας ἐκ τῆc ἐνέδρας τοὺς Πελοπον-

νηcίους ἔ{ω}θ[ει δρ]όμωι· τῶν δὲ βαρβάρων ὡc εἶδον ἔ-

[- - -] führte die Pelopon[nesier und ihre Bundesgenossen
im Laufschritt heran - - -]
[- - -] als er die Griechen sah
[- - -] immer
[- - -] in gleicher Weise
[- - -] näher
[- - -] nichts anderes als den
Fluß [?] [- - -] denn beide
[- - -]
[- - -] wenig [- - -]
[- - -] Heer [- - -]
   (4) Agesi-
laos aber [- - -]
[- - -] Heer [. . .]
[- - -]
[- - -]
[- - -] damit [. . .]
[- - -] verteilen [. . .]
[- - -]
[- - -]
[- - -] in jenem Jahr (?)
[- - -]
[- - -] erkannte [. . .]
[- - -] nachts
[- - -] Hopliten, [- - - und fünf ?-]

Sp. 6 hundert Leichtbewaffnete, und stellte an deren Spitze als
Befehlshaber den Spartiaten Xenokles und befahl ihm, wenn
[- - -] vorbeimarschiere, sich zur Schlachtordnung zu
formieren [...]. Tags darauf ließ er die Armee bei Morgen-
grauen aufbrechen und setzte den Marsch fort. Die Barbaren
aber folgten ihnen wie gewohnt, wobei ein Teil von ihnen die
Griechen angriff, ein anderer aber sie zu Pferde umkreiste, der
Rest aber ihnen ungeordnet über die Ebene hin nachfolgte.

   (5) Als Xenokles meinte, die Gelegenheit sei günstig für den
Angriff auf die Feinde, brach er mit seinen Peloponnesiern aus
dem Hinterhalt hervor und ließ sie im Laufschritt angreifen.
Angesichts der anstürmenden Griechen flüchteten die

κάστοι προσθέ[ον]τας τοὺς Ἕλληνας ἔφευγον καθ'ἅπαν
τὸ πεδίον. Ἀγ[ησίλ]αος δὲ κατιδὼν πεφοβημένους αὐ-
15 τοὺς ἔπεμπεν ἀπὸ τοῦ στρατεύματος τούς τε κούφους
[τ]ῶν στρατιωτῶν καὶ τοὺς ἱππέας διώξοντας ἐκείνους·
οἱ δὲ μετὰ τῶν ἐκ τῆς ἐνέδρας ἀναστάντ⟨ων⟩ ἐνέκειντο
6 τ⟨οῖς⟩ βαρβάρ⟨οις⟩. ἐπακολουθήσαντες δὲ τοῖς πολεμί[ο]ις
οὐ λίαν πολὺ[ν] χρόνον, οὐ γὰρ [ἠδύ]ναντο καταλαμβά-
20 νειν {ε}αὐτοὺς ἅτε τ[ῶ]ν πολλῶν [ἱππ]έων ὄντων καὶ γυ-
μνήτων, καταβάλλουσιν μὲν [αὐ]τῶν περὶ ἑξακοσί-
ους, ἀποστάντες δὲ τῆς διώ[ξεω]ς ἐβ[ά]δ[ι]ζον ἐπ'αὐτὸ τὸ στρατόπεδον τὸ τῶν βα[ρβάρ]ων. [κα]ταλαβόν-
τες δὲ φυλακὴν οὐ σπουδαί[ως κ]αθε[στῶ]σαν ταχέ-
25 ως αἱροῦσιν, κα[ὶ] λαμβάνουσιν [α]ὐτῶν [πολ]λὴν μὲν ἀ-
γοράν, συχνο[ὺς] δὲ ἀνθρώπο[υ]ς, πολλ[ὰ δὲ] σκεύη καὶ
15. χρήματα ⟨τὰ⟩ μὲν [τῶ]ν ἄλλων τὰ δ[ὲ] Τισσαφέ[ρνους] αὐτοῦ. γε-
νομένης δὲ τ[ῆς] μάχης τοιαύ[τ]ης οἱ μὲ[ν βά]ρβαροι κα-
ταπλαγέντες [τοὺς] Ἕλληνας ἀπεχώρης[αν σὺν] τῷ Τισ-
30 σαφέρνει πρὸς τὰς Σάρδεις· Ἀγησίλαος δὲ περ[ιμε]ίνας αὐτοῦ τρεῖς ἡμέρας, ἐν αἷς τοὺς νεκροὺς ὑποσπ[όν]δους ἀπέ-
δωκεν τοῖς π[ο]λεμίοις καὶ τροπαῖον ἔστη[σε] καὶ τὴν
γῆν ἅπασαν ἐ[πόρθ]ησεν, προῆγεν τὸ στρ[άτε]υμα εἰς
2 Φρυγίαν πάλιν [τὴν] μεγάλην. ἐποιεῖτο δὲ [τ]ὴν πορείαν
35 οὐκέτι συντεταγμένους ἔχων ἐν τῷ πλ[ι]νθίῳ τοὺς
στρατιώτας, ἀλλ'ἐῶν αὐτοὺς ὅσην ἠβούλοντο τῆς χώρας ἐπιέναι καὶ κακῶς ποιε[ῖν τοὺς] πολεμ[ί]ους. Τισσαφέρ-
νης δὲ πυθόμενος τοὺς [Ἕλληνας β]αδίζειν εἰς τὸ πρόσθε⟨ν⟩
ἀναλαβὼν αὖθις τοὺς β[αρβάρους ἐ]πη[κολο]ύθει ὄπισθεν
40 3 αὐτῶν πολλοὺς σταδίο[υς διέχων. Ἀγ]ησίλ[αος] δὲ διεξελθ[ὼν]
τὸ πε[δ]ίον τὸ τῶν Λυδῶν [ἦγε τὴν στρ]ατιὰν [......] διὰ τῶ[ν]
ὀρῶν τῶν διὰ μέσου κε[ιμένων τῆ]ς τ[ε Λυδίας] καὶ τῆς
Φρυγίας· ἐπειδὴ δὲ διεπορ[εύθησαν ταῦτα, κατεβίβ]ασε
τοὺς Ἕλληνας εἰς τὴν Φ[ρυγίαν, ἕως ἀφίκοντο πρὸς τ]ον
45 Μαίανδρον ποταμόν, ὃ[ς ἔχει μὲν τὰς πηγὰς ἀπὸ Κελαι-]
νῶν, ἣ τῶν ἐν Φρυγίᾳ μεγίστη [πόλις ἐστίν, ἐκδίδωσι δ']
4 εἰς θάλατταν παρὰ Πριήνην κ[αὶ .... καταστρα-]
τοπεδεύσας δὲ τοὺς Πελοπ[οννησίους καὶ τοὺς]
[σ]υμμάχους ἐθύετο πότ[ερ]α χ[ρὴ] δ[ι]αβ[αίνειν τὸν ποτα-]

Barbaren einzeln über die ganze Ebene hin. Sowie Agesilaos ihre Panik bemerkte, entsandte er von seinem Heer die Leichtbewaffneten und die Reiter zu ihrer Verfolgung. Und diese setzten zusammen mit denen, die sich aus dem Hinterhalt erhoben hatten, den Barbaren hart zu.

(6) Aber sie verfolgten die Gegner nicht allzu lang, denn sie konnten diese — in der Mehrzahl Reiter und Leichtbewaffnete — nicht einholen. Doch rund sechshundert von ihnen erschlagen sie und lassen dann von der Verfolgung ab. Dann wandten sie sich unmittelbar dem Lager der Barbaren zu. Da sie die Wache unvorbereitet vorfinden, nehmen sie es schnell ein. Sie erbeuten ihre Lebensmittel und zahlreiche Gefangene, dazu eine Menge Gepäck und Geld teils der anderen, teils des Tissaphernes selbst.

15. (1) Nachdem die Schlacht einen solchen Ausgang genommen hatte, zogen die Barbaren in großer Furcht vor den Griechen zusammen mit Tissaphernes nach Sardes ab. Agesilaos aber blieb drei Tage dort, in denen er den Feinden ihre Toten unter dem Schutz eines Waffenstillstandes übergab, ein Siegeszeichen errichtete und das gesamte Land verheerte. Dann führte er seine Truppen wieder weiter nach Großphrygien.

(2) Diesen Marsch gestaltete er nicht mehr so, daß er seine Soldaten im Karree zusammenhielt; er ließ sie vielmehr das Land durchstreifen, soweit sie nur wollten, und den Feinden Schaden zufügen. Auf die Kunde vom weiteren Vormarsch der Griechen sammelte Tissaphernes erneut die Barbaren und folgte ihnen im Rücken in einem Abstand von vielen Stadien.

(3) Agesilaos durchquerte die Lydische Ebene und zog dann mit seinem Heer [erneut] durch die zwischen Lydien und Phrygien gelegenen Berge. Als er sie durchquert hatte, führte er die Griechen nach Phrygien hinunter, bis er an den Fluß Mäander gelangte, der [seine Quellen bei Kelai]nai hat, der größten Stadt Phrygiens, bei Priene aber ins Meer mündet und [- - -]

(4) Er ließ die Peloponnesier und die Verbündeten lagern und erfragte dann durch ein Opfer, ob er den Fluß

50   μὸν ἢ μή, καὶ βαδίζειν ἐπὶ Κελα[ινὰϲ ἢ πάλιν το]ὺ̣ϲ
        ϲτρατιώταϲ ἀπάγειν. ὡϲ δὲ ϲυνέβ[αινεν αὐτῷ] μὴ
        γίγνεϲθαι καλὰ τὰ ἱερά, περιμε[ί]να[ϲ ἐκεῖ τήν τ]ε ἡμέ-
        ραν ἣν παρεγένετο καὶ τὴν ἐπιο[ῦϲαν ἀπῆγ]εν τὸν

c. 7   [ϲτρατὸν - - - ca. 13 - - - Ἀγηϲί]λαοϲ μὲν οὔ[ν . . .]
        [- - - ca. 11 - - - τὸ πεδίον τὸ Μαιάν]δρου καλούμενο[ν]
        δ[- - - ca. 25 - - -]. νέμονται Λυδ[οὶ]

16. κ[αὶ Μυϲοί, Κᾶρεϲ τε καὶ Ἴωνεϲ. τότ]ε̣ δὲ βαϲιλεὺϲ

5   . [- - - ca. 28 - - - π]ερὶ τούτουϲ
        τ[- - - ca. 25 - - - ϲτρ]ατηγόν, ἅμα̣
        δὲ [- - - ca. 29 - - -]. Τιϲϲαφέρνη
        ετ[- - - ca. 25 - - - το]ὺϲ Ἕλληναϲ
        μ . [- - - ca. 28 - - -]νου̣ν καὶ μᾶλ-

10   λο[ν - - - ca. 29 - - -] . δίχα κει-
        με[ν - - - ca. 38 - - -]
        εξ[- - - ca. 41 - - -]
        ϲυ[- - - ca. 13 - - - Τιϲϲ]αφ[έρν - - - ca. 16 - - -]
        οπ[- - - ca. 12 - - - Ἀρταξ]έρξ[- - - ca. 18 - - -]

15   δια[- - - ca. 15 - - -] απαρ[- - - ca. 19 - - -]
        λο[- - - ca. 12 - - -]κα[. .]οιτε[. . . . .] . ϲα[- - - ca. 10 - - -]
        οργ[- - - ca. 11 - - -] αὐτῷ κατηγ[.] . α̣[.]αδι[- - - ca. 10 - - -]
        ϲα [. . .]τε βαϲιλεὺϲ ὁμολογουντ[. .] μάλιϲτ[α . . . .]
        δι[ὰ Τιϲ]ϲαφέρνην καὶ πα[.] . ν ἐκεῖνον̣ [- - - ca. 12 - - -]

20   πάντων καθ'ἃ Τιθρα[ύϲτηϲ α]υ̣τὸν κα[.] . . [- - - ca. 10 - - -]
        ὃϲ ἐπειδὴ καταφ[. . . . . Φρυ]γίαν καὶ Λυδ[ίαν . . . .]
        το[. . . .]εν ἀνέπεμψ[εν ἐπιϲτ]ολὰϲ ἃϲ ἔφερ[ε . . . .]
        ρα[. . . . . .]ι πρὸϲ Ἀρι[αῖον Τι]ϲϲαφ[έ̣]ρνη[- - - ca. 10 - - -]
        ἐπ[. . . . .]ο πρὸϲ Με̣ . [. .]αιον ὡϲ α̣ . [- - - ca. 14 - - -]

25   ϲτ . [. . . .] λαβεῖν ἐκελ[. . .]αιδ[- - - ca. 18 - - -]
        εὐ[. . . . . . .]υτου γε[. . .]ται [- - - ca. 17 - - -]
        πε[. . . . . . .]νουτο[. . . . .]ου[- - - ca. 18 - - -]
        λω[. . . . . . .] . ν ἔ[μ]ελλεν ηχ[- - - ca. 17 - - -]
        ϲιν[- - - ca. 10 - - - Τ]ιθραύϲ[τ - - - ca. 17 - - -]

30   τα . [- - - ca. 13 - - -]τ[- - - ca. 20 - - -]δε
        δο . [- - - ca 33 - - -]τηϲ
        ἀποκρε[- - - ca. 31 - - -]ν̣[. .]
        ρίζεϲθ[αι - - - ca. 32 - - -]

überschreiten solle oder nicht, ob er gegen Kelainai vorgehen oder seine Soldaten wieder zurückführen solle. Da die Opfer für ihn ungünstig ausfielen, blieb er den Tag seiner Ankunft und auch den folgenden dort und führte sein Heer dann [- - -].

Sp. 7   Agesilaos nun [- - -] die sogenannte Mäanderebene [- - -] bewohnen die Lyder und [Mysier, Karer und Ionier].

16. (1) Der Großkönig aber damals
[- - -] um diese
[- - -] Kommandeur, zugleich
aber [- - -] Tissaphernes
[- - -] die Griechen
[- - -] und noch mehr
[- - -] getrennt liegend
[- - -]
[- - -]
[- - - Tiss]aph[ernes - - -]
[- - -] Artaxerxes [- - -]
[- - -]
[- - -] *vgl. Anm.*
[- - -] ihm [- - -]
[- - -]der Großkönig übereinstimmend [?] am meisten
[- - -] wegen Tissaphernes und [...] jenen [- - -] von allem, worin ihn Tithraustes [- - -]
der nachdem [...] Phrygien und Lydien [. . .]
[. . .] schickte Briefe hinauf, die trug [- - -]
[- - -] zu Ariaios und Tissaphernes [- - -]
[- - -] zu Me[...]aios [- - -]
[- - -] zu erhalten
[- - -]
[- - -]
[- - -] sollte [- - -]
[- - -] Tithraustes
[- - -]
[- - -]
[- - -]
[- - -]

       ὁπότε α[- - - ca. 29 - - - Τισσα-]

35   φέρνη[ν ἀ]πέστειλεν τ[. . . . .] * οαρ*[- - - ca. 11 - - -] *ο*

       Ἀρ[ι]α[ῖ]ος εἰς Cάρδεις το[. . . . .] *ονου*[. . . . . . δυ-]

       νατὸς Τισσαφέρνη[. . . . .] . *ρια* . [- - - ca. 10 - - -]

       βέλτιστοι τῶν στρ[ατη]γῶ[ν . .] . *ιανετε* . [. . . . ἀκιν-]

       δυν[ότ]ερον ἕξειν τ[ὰ κ]ατὰ τὴ[ν] *cα*[*τ*]*ραπία*[ν Ἀγησιλά-]

40   ου κα[θ]ημένου περὶ [τ]ὴν Μαγν[η]*c*[*ί*]*αν ἐμι*[. . . . .]

       τῶν [πε]ζῶ[ν] καὶ τῶν ἱππέω[ν . . .]*ω προ*[. . . . .]

       ε[. . .]ον δ[ια]κειμένου[- - - ca. 18 - - - ἄλ-]

       λ[ο]υς ἄλλη ποι [. .] . *αν*[- - - ca. 21 - - -]

       βουλόμενος δ[. .]π[.] . [- - - ca. 21 - - -]

45   cτράτευμα τα[.] . [- - - ca. 11 - - -]

c. 8   2 - - -

       - - -

       [. . . .]ν[- - -]

       [. . .]προ[- - -]

5   π᾽ Ἀρταξ[έρξ - - -]

       τα ἡμέρα[c - - -]

       αὐτὸν α[- - - Φρυ-]

       γίας ἐπια[- - -]

       τὸν Τιθρ[αύcτην - - - Τισσα-]

10 φέρνηc[- - -]

       πρᾶξιν α[- - - οἱ-]

       κοδομε[ῖν - - -]

       πόλεωc . [- - -]

       ὑπὸ τῶν [- - -]

15 . εβαδ[ι - - -]

       τῷ Τιθρα[ύcτῃ - - -]

       c[.]αι παρα[- - -]

       ἐπιcτολὰ[c - - -]

       πρὸc τὴν α[- - -]

20 τιαc κατα . [- - -]

       . ε Μιλη[cι - - -]

       ψαc καὶ τα . [- - - κα-]

       τῆρεν εἰc [- - -]

       Ἀριαῖον ε[- - - με-]

25 τὰ δὲ ταῦ[τα - - -]

[- - -] schickte Tissaphernes

weg. [- - -]

Ariaios nach Sardes [- - -]

konnte Tissaphernes [- - -]

die besten der Kommandeure [- - -]

die Verhältnisse in der Satrapie sicherer sein würden,

während Agesilaos sich bei [Magnesia] aufhielt [- - -]

der Männer zu Fuß und zu Pferde [- - -]

sich aufhaltend [- - -]

andere anders [- - -]

er wollte [- - -]

Heer [- - -].

Sp. 8   (2) [- - -]

[- - -]

[- - -]

[- - -]

Artaxerxes [- - -]

Tage [- - -]

ihn [- - - Phry-]

giens [- - -]

den Tithraustes [- - - Tissa-]

phernes [- - -]

Tat [- - -]

bauen [- - -]

einer Stadt [- - -]

von den

marschierend [- - -]

dem Tithraustes [- - -]

[- - -]

Briefe [- - -]

zu der

[- - -]

Mile[s - - -]

[- - -]

[- - -]

Ariaios [- - -]

danach [- - -]

        διατρίβω[ν - - -]
        ἱμάτια τ[- - -]
        νον cυναρ[πα - - -]
        καὶ μεταπ[- - -]
30   [. .]λοι . ν ἱπ[π - - -]
        cυνεχ[- - -]
        μεν . [- - -]
        τηcδ[- - -]
        ἔλεγ[ε - - -]
35   τ[ο]ῦ βα[cιλ]έωc [- - -]
        τα[ῖ]c ἐπιcτολ[αῖc - - -]
        [. .]ε τὸ βυβλ[ίον - - -]
        [. .]ττεν βαcιλ[ε - - -]
        [. .] αὐτὸν ἀνα[- - -]
40   [. .] . . . ειν εκ . [- - -]
        [ἄ]λλην ἀναγ[- - -]
        [τῶ]ν βαρβάρω[ν - - -]

        finis columnae

        perierunt columnae nonnullae?

F C   *desunt versus 15*
c. 9
C 1 17. [- - -]να[.]   Fr 8   Fr 9
       [- - -]καγα-
       [- - - πόλ]εμον   - - -   - - -
       [- - -] . ιcωτη   [- - -]λει   [- - -]και
       [- - -]λλην αὐ-   [- - -] μφε-   [- - - π]αραγγει-
       - - -   [- - -]τατον [- - -]καταμα-
                       [- - -]κοcι-   [- - -]υ παραλα-
                       - - -   [- - -] Μακεδο-
                                        - - -

c. 10   νοτη[.] . αc[- - -]
C 2 2 ἄμα μὲν [.]ου . [- - -]
        ἀφθό[ν]ω[c . .]c . [- - - , ἄ-]
        μα δὲ [γ]ενε[- - -]
  5   ἐπὶ τη . . ιματ[- - -]

sich aufhaltend [- - -]
Gewänder
[- - -]
[- - -]
[- - -]
[- - -]
[- - -]
[- - -]
sagte [- - -]
des Königs [- - -]
den Briefen [- - -]
[. . .] das Büchlein [- - -]
[- - -]
[. . .] ihn [- - -]
[- - -]
 andere [- - -]
der Barbaren [- - -].

Ende der Spalte.

Möglicherweise fehlen mehrere Spalten.

Sp. 9
F C
17. *Am Beginn von Spalte 9 werden mehrere kleine Fragmente an das größere Fragment C angesetzt. Sie ergeben keinen sinnvollen Zusammenhang; zu lesen sind nur die Wörter:*

(C1) [- - -] Krieg [- - -]
(Fr 9) [- - -] Makedo[n - - -]

und isolierte Gruppen von Buchstaben.
Die nächste Spalte setzt dann auf Fragment C ein:

Sp. 10
C 2
[- - -]
 (2) zusammen nun [- - -]
reichlich [- - -]
zusammen aber [- - -]
auf [- - -]

ἡρημένον ὑπαρξα[---]
δι'ἐκειν[...]ητ[.]ϲ.[---]
[.]αλωνω.[---]
[τ]ερον πω[---]
10 καὶ βιαζ.[---]
χρόνον μ[---]
πολλῆϲ δυνά[μεωϲ---]
ὁμοι[.]ν α.[.]ο.[.]α[---]
κωϲ [.]ην.[.].ε[---ἠτοί-]
15 μαϲεν ἠγε[μ---]
. τέρουϲ Ἑλ[λ]η[ν---]
ἢ τοὺ[ϲ] ἐκ τ[ο]ῦ π[ο]λ[έμου] γιγνομ[ένουϲ---ca. 12---]
νοϲ δὲ τὴν [ἡ]ϲ[υ]χ[ί]αν ἄριϲτα τ[οῖϲ πράγμαϲι φαίνεται]
κεχρημέν[οϲ·] οὐ γὰρ ὥϲπερ ο[ἱ πλεῖϲτοι τῶν πρὸ τοῦ δυ-]
20 ναϲτευόντω[ν] ὥρμηϲεν ἐ[πὶ τὰϲ τῶν χρημάτων ἁρπα-]
γάϲ, καὶ δη[μο]τικώτα[τ]οϲ τ[---ca. 20---]
μεταπεμπό[μ]ενοϲ ἐκ [---ca. 24---]
κέναι τι δοκ[ο]ῦντας δ[---ca. 24---]
τῶν πλειϲ[τω]ν χ[---ca. 28---]
25 [....].[..]ε[...]τ[---]

c. 10?   *Fragmenta Columnae X ut videtur tribuenda*

F 10   F 11
---   ---
[..]ωϲ[---]   [---]ην[---]
ηλωϲεν[---]   [---]καὶ δει[---]
δοξαν [---Λα-]   [---].[.]υτω[---]
κεδα[ιμον---]   [---]..μι[---]
των[---]   [---]ατεδ[---]
παϲα[---]   [---].[.]ελ[---]
των[---]   [---]εοτ[---]
---   [---]αν ἐκε[---]
                        [τῶν] ἄλλων βαρβάρω[ν]
                        [---]κ[.] ἀλλὰ τὴν με[---]
                        [---].[.]του δὲ βίον.ιρ.[.]τ[---]
                        [---]ϲ περὶ πολλὴν ϲτ...ϲ[---]

genommen [- - -]

[- - -]

[- - -]

[- - -]

und [- - -]

Zeit [- - -]

vieler Kraft [?] [- - -]

[- - -]

[- - -]

[- - -]

andere (?) Griechen[- - -]

oder die aus dem Krieg gewordenen [- - -]

die Ruhe. Offenbar nutzte er am besten die Lage; denn er hatte es nicht wie die [meisten vor ihm] Herrschenden [auf Raub von Geld] abgesehen, und sehr volksfreundlich [- - -]

holte er [- - -]

irgendwie scheinende [- - -]

der meisten [- - -].

[- - -]

An dieser Stelle sind mehrere Fragmente in Spalte 10 einzufügen. Sie ergeben keinen Zusammenhang; zu lesen ist:

(F 10) [- - -] Lakeda[imon - - -]

(F 11) [- - -] der anderen Barbaren [- - -] sondern die [- - -] des Lebens [- - -] um viele [- - -] führte hinab. Vor ihnen schätzte er [- - -] machte [- - -] andere Ausrüstungsgegenstände [- - -] um die [- - -]

[- - - κα]τήγαγεν· ἀντὶ ὦν ἠγα[πημένος - - -]

[- - -]ς ἐποίησε κατακει[- - -]

[- - -]λλαις κατασκευα[- - -]

[- - -]περὶ δὲ τὴν του[- - -]

finis columnae

F 12

- - -

[- - -] . . . [- - -]

[- - -] . δὲ προστ[- - -]

[- - -]ων ειλη[- - -]

[- - -] . τελευ[τ - - -]

[- - -]των παρ'έκειν[- - -]

[- - -]αθα περιμε . [- - -]

[- - -]ν ἐπιτα[- - -]

[- - -]ιλαθε[- - -]

- - -

F 13

- - -

[- - -]θ . [- - -]

[- - -]υτον[- - -]

[- - -]εν αὐτ[- - -]

[- - -]αιρεῖσθ[αι - - -]

[- - -] . [. . . .]τ[- - -]

- - -

F 14

- - -

[- - -]ων[- - -]

[- - -]ιακα[- - -]

[- - -]τιτ[- - -]

[- - -]τιδα[- - -]

- - -

F 15

- - -

[- - -]μ[- - -]

[- - -]σε[.]ιο[- - -]

[- - -]ας πολ[- - -]

[- - -] . [- - -]

- - -

perierunt columnae nonnullae

F D 18. [. . . . .]ς βο[- - - ca. 24 - - -] . καθ'έκά-

c. 11   [στην] ἡμέ[ρ]αν ἐξήτ[αζε τοὺς στρατιώτας] cὺν τοῖς ὅ-

[πλοις] ἐν [τ]ῷ λιμέν[ι, προφασιζόμενος μὲ]ν ἵνα μὴ ῥα-

[θυμο]ῦντες χείρους [γένωνται πρὸς τὸν] πόλεμον, βου-

5   [λόμε]νος δὲ παρασκε[υάζειν προθύμους] τοὺς Ῥοδίους

[ἐὰν ἴ]δωσιν ἐν τοῖς ὅ[πλοις αὐτοὺς παρόν]τας τηνικαῦ-

[τα τοῖ]ς ἔργοις ἐπιχειρε[ῖν· ὡς δὲ σύνηθες ἅ]πασιν ἐποί-

[ησεν] ὁρᾶν τὸν ἐξετα[σμόν, αὐτὸς μὲν εἴ]κοσι λαβὼν

(F 12) [- - -] jener um ihn [- - -]

(F 13) [- - -] nehmen [- - -]

sowie isolierte Gruppen von Buchstaben.

Es sind mehrere Spalten verloren.

Sp. 11
F D   **18.** (1) [- - -] Täglich hielt Konon im Hafen eine Truppenschau unter Waffen ab, angeblich, damit man nicht durch Untätigkeit weniger einsatzfähig für den Krieg würde; tatsächlich aber wollte er durch dieses Schauspiel die Rhodier ermutigen, möglichst bald ans Werk zu gehen, wenn sie sie unter Waffen zugegen sähen. Als er alle mit dem Anblick der Waffenübungen vertraut gemacht hatte, nahm er selbst zwanzig seiner Trieren und fuhr nach

[τῶν] τριήρων ἐξέπλευ[cεν εἰc Καῦνον, βου]λόμενος
10   [μὴ π]αρεῖναι τῇ διαφθο[ρᾷ τῶν ἀρχόντω]ν, Ἱερωνύμῳ
      [δὲ κ]αὶ Νικοφήμῳ προcέ[ταξεν ἐπιμελ]ηθῆναι τῶν
  2   [πρα]γμάτων οὖcιν αὐτοῦ πα[ρέδροιc. οἳ π]εριμείναν-
      [τεc] ἐκείνην τὴν ἡμέραν, π[αρόντων ἐπὶ] τὸν ἐξετα-
      [cμὸ]ν τῇ ὑcτεραίᾳ τῶν cτρατι[ωτῶν καθά]περ εἰώθε-
15   [cαν,] τοὺc μὲν αὐτῶν παρήγα[γον ἐν τοῖ]c ὅπλοιc εἰc
      [τὸ]ν λιμένα, τ[ο]ὺc δὲ μικρὸν [ἔξω τῆ]c ἀγορᾶc. τῶν
      [δὲ] Ῥοδίων οἱ cυνειδότεc τὴν π[ρᾶξιν, ὡ]c ὑπέλαβον
      [κ]αιρὸν ἐγχειρεῖν εἶναι τοῖc ἔργ[οιc, cυ]νελέγοντο
      [cὺ]ν ἐγχειριδίοιc εἰc τὴν ἀγοράν, καὶ Δωρίμαχοc
20   [μ]εν αὐτῶν ἀναβὰc ἐπὶ τὸν λίθον οὗπερ εἰώθει κη-
      [ρύ]ττειν ὁ κῆρυξ, ἀνακραγὼν ὡc ἠδύνατο μέγιcτον
      »[ἴ]ωμεν, ὦ ἄνδρεc« ἔφη »πολῖται, ἐπὶ τοὺc τυράννουc
      [τὴ]ν ταχίcτην«. οἱ δὲ λοιποὶ βοήcαντοc ἐκείνου τὴν
      [βο]ήθειαν εἰcπηδήcαντεc μετ'ἐγχειριδίων εἰc τὰ cυν-
25   [έ]δρια τῶν ἀρχόντων ἀποκτείνουcι τούc τε Διαγο-
      [ρε]ίουc καὶ τῶν ἄλλων πολιτῶν ἔνδεκα, διαπραξά-
      [μ]ενοι δὲ ταῦτα cυνῆγον τὸ πλῆθοc τὸ τῶν Ῥοδίων
  3   [εἰ]c ἐκκληcίαν. ἄρτι δὲ cυνειλεγμένων αὐτῶν Κόνων
      ἧκε πάλιν ἐκ Καύνου μετὰ τῶν τριήρων· οἱ δὲ τὴν
30   cφαγὴν ἐξεργαcάμενοι καταλύcαντεc τὴν παροῦcαν
      πολιτείαν κατέcτηcαν δημοκρατίαν, καὶ τῶν πο-
      λιτῶν τιναc ὀλίγουc φυγάδαc ἐποίηcαν. ἡ μὲν οὖν
      ἐπανάcταcιc ἡ περὶ τὴν Ῥόδον τοῦτο τὸ τέλοc ἔλα-
  19. βεν. Βοιωτοὶ δὲ καὶ Φωκεῖc τούτου τοῦ θέρουc εἰc
35   πόλεμον κατέcτηcαν. ἐγένοντο δὲ τῆc ἔχθραc αὐτοῖc
      [α]ἴτιοι μάλιcτα τῶν ἐν ταῖc Θήβαιc τινέc· οὐ γὰρ πολλοῖc
      [ἔ]τεcιν πρότερον ἔτυχον εἰc cταcιαcμὸν οἱ Βοιωτοὶ
  2   προελθόντεc. εἶχεν δὲ τὰ πράγματα τότε κα[τὰ]
      [τὴ]ν Βοιωτίαν οὕτωc· ἦcαν καθεcτηκυῖαι βουλαὶ [τό-]
c. 12 τε τέττα[ρεc παρ'ἑ]κάcτῃ τῶν πόλεων, ὧν οὐ[χ ἅπαcι]
      τοῖc πολ[ίταιc ἐξῆ]ν μετέχειν, ἀ[λλὰ] τοῖc κεκ[τημένοιc]
      πλῆθόc τ[ι χρημά]των, τούτων δὲ τῶν βουλῶ[ν κατὰ]
      μέροc ἑκάc[τη προκ]αθημένη καὶ προβουλεύ[ουcα]
  5   περὶ τῶν π[ραγμά]των εἰcέφερεν εἰc τὰc τρε[ῖc, ὅτι]
  3   δ'ἔδοξεν{ε} ἁπάcα[ι]c τοῦτο κύριον ἐγίγνετο. κ[αὶ τὰ μὲν]

Kaunos; denn er wollte nicht bei dem Mord an den Amtsträgern zugegen sein. Dafür gab er seinen Unterfeldherrn Hieronymos und Nikophemos Befehl, sich um die Angelegenheiten zu kümmern.

(2) Diese ließen noch jenen Tag verstreichen; als aber am Tag darauf die Soldaten wie gewöhnlich ihre Waffenübung abhielten, führten sie den einen Teil von ihnen unter Waffen zum Hafen hinunter, die anderen an eine Stelle etwas außerhalb der Agora. Als nun die Rhodier, welche in den Anschlag eingeweiht waren, den Augenblick zum Handeln gekommen sahen, versammelten sie sich mit Dolchen bewaffnet auf der Agora, und Dorimachos, einer von ihnen, stieg auf den Stein, von dem aus der Herold gewöhnlich seine Bekanntmachungen ausrief, und rief so laut er konnte: »Auf, Bürger, so schnell wie möglich gegen die Tyrannen!« Auf seinen Ruf hin stürmten die übrigen mit Dolchen in die Versammlung der Amtsträger und machten die Diagoreier und elf andere Bürger nieder. Nach dieser Tat riefen sie die Masse der Rhodier zu einer Versammlung.

(3) Sie waren eben zusammengetreten, da kam Konon mit den Trieren aus Kaunos zurück. Jene, die das Attentat verübt hatten, hoben die bestehende Verfassung auf und richteten eine Demokratie ein; und einige wenige Bürger schickten sie in die Verbannung. Diesen Ausgang nahm der Umsturz auf Rhodos.

19. (1) In diesem Sommer zogen Boioter und Phoker gegeneinander in den Krieg. Die Feindschaft zwischen beiden war vor allem von einigen Leuten in Theben verursacht worden; denn nicht viele Jahre zuvor waren die Boioter in innere Auseinandersetzungen geraten.

(2) Die Verhältnisse waren in Boiotien aber damals wie folgt: Es gab damals in jeder der Städte vier Ratskollegien, *Sp. 12* an denen nicht alle Bürger sich beteiligen durften, sondern nur jene, die über eine gewisse Menge an Besitz verfügten. Abwechselnd hatte je eines dieser Ratskollegien den Vorsitz und beriet in vorbereitender Sitzung über öffentliche Angelegenheiten, trug ihr Ergebnis den drei anderen vor, und

ἴδια διετέλουν οὕτω διοικούμενοι, τὸ δὲ τῶ[ν Βοι-]
ωτῶν τοῦτον ἦν τὸν τρόπον συντεταγμένον. [καθ'ἕν-]
δεκα μέρη διῄρηντο πάντες οἱ τὴν χώραν οἰκοῦν[τες,]
10   καὶ τούτων ἕκαστον ἕνα παρείχετο βοιώταρχον [οὕτω·]
Θηβαῖοι μὲν τέτταρα⟨ς⟩ συνεβάλλοντο, δύο μὲν ὑπὲ[ρ τῆς]
πόλεως, δύο δὲ ὑπὲρ Πλαταιέων καὶ Σκώλου καὶ Ἐρ[υ]θρῶ[ν]
καὶ Σκαφῶν καὶ τῶν ἄλλων χωρίων τῶν πρότερον
μὲν ἐκείνοις συμπολιτευομένων, τότε δὲ συντε-
15   λούντων εἰς τὰς Θήβας. δύο δὲ παρείχοντο βοιωτάρχας
Ὀρχομένιοι καὶ Ὑσιαῖοι, δύο δὲ Θεσπιεῖς σὺν Εὐτρήσει
καὶ Θίσβαις, ἕνα δὲ Ταναγραῖοι, καὶ πάλιν ἕτερον Ἁλιάρ-
τιοι καὶ Λεβαδεῖς καὶ Κορωνεῖς, ὃν ἔπεμπε κατὰ μέρος ἑκάστη τῶν πόλεων, τὸν αὐτὸν δὲ τρόπον ἐ-
20   βάδιζεν ἐξ Ἀκραιφνίου καὶ Κωπῶν καὶ Χαιρωνείας.
4   οὕτω μὲν οὖν ἔφερε τὰ μέρη τοὺς ἄρχοντας· παρείχετο δὲ καὶ βουλευτὰς ἑξήκοντα κατὰ τὸν βοιώταρχον,
καὶ τούτοις αὐτοὶ τὰ καθ'ἡμέραν ἀνήλισκον. ἐπετέτα-
κτο δὲ καὶ στρατιὰ ἑκάστῳ μέρει περὶ χιλίους μὲν
25   ὁπλίτας, ἱππέας δὲ ἑκατόν· ἁπλῶς δὲ δηλῶσαι κατὰ
τὸν ἄρχοντα καὶ τῶν κοινῶν ἀπέλαυον καὶ τὰς ε[ἰ]σφο-
ρὰς ἐποιοῦντο καὶ δικας⟨τὰς⟩ ἔπεμπον καὶ μετεῖχον ἁπάν-
των ὁμοίως καὶ τῶν κακῶν καὶ τῶν ἀγαθῶν. τὸ μὲν
οὖν ἔθνος ὅλον οὕτως ἐπολιτεύετο, καὶ τὰ συνέδρια
30   {καὶ} τὰ κοινὰ τῶν Βοιωτῶν ἐν τῇ Καδμείᾳ συνεκά-
20.   θιζεν. ἐν δὲ ταῖς Θήβαις ἔτυχον οἱ βέλτιστοι καὶ γνω-
ριμώτατοι τῶν πολιτῶν, ὥσπερ καὶ πρότερον εἴρη-
κα, στασιάζοντες πρὸς ἀλλήλους. ἡγοῦντο δὲ τοῦ μέ-
ρους τοῦ μὲν Ἰσμηνίας κα[ὶ] Ἀντίθεος καὶ Ἀνδροκλ⟨είδα⟩ς,
35   τοῦ δὲ Λεοντιάδης καὶ Ἀσίας καὶ Κο⟨ιρα⟩τάδας, ἐφρό-
νουν δὲ τῶν πολιτευομένων οἱ μὲν περὶ τὸν Λεοντι-
άδην τὰ Λακεδαιμονίων, [ο]ἱ δὲ περὶ τὸν Ἰσμηνίαν
αἰτίαν μὲν εἶχον ἀττικίζειν, ἐξ ὧν πρόθυμοι πρὸς
τὸν δῆμον ἐγένοντο ὡς ἔφυγ⟨ε⟩ν· οὐ μὴν ἐφρόν-
c. 13   [τιζον] τω[ν Ἀ]θηναίων, ἀλλ'εἶχ[ον - - - ca. 12 - - -]
[. . . . .] . π[. . . . . .] ἔσχον, ἐπεὶ του[- - - ca. 11 - - -]
[. . . . .] . . . πρ[οη]ροῦντο μᾶλλ[ον - - - ca. 11 - - -]
[. . . . . .]ες κακῶς ποιεῖν ἑτοίμους α[- - - ca. 10 - - -]

was alle Gremien beschlossen, das bekam Gültigkeit.

(3) Und ihre eigenen Angelegenheiten regelten sie stets auf die genannte Art. Der Bund der Boioter aber war wie folgt verfaßt: Sämtliche Landesbewohner waren in elf Kreise gegliedert, und von diesen benannte jeder einen Boiotarchen, wie folgt: Die Thebaner stellten vier, zunächst zwei für die Polis, dann zwei für die Einwohner von Platää und für Skolos, Erythrai, Skaphai und die anderen Ortschaften, die früher zu jenen gehört hatten, damals aber Theben steuerpflichtig waren. Zwei Boiotarchen benannten die Orchomenier und Hysiaier, zwei die Thespier zusammen mit Eutresis und Thisbai, einen die Tanagräer, einen weiteren die Einwohner von Haliartos, Lebadeia und Koroneia, den abwechselnd immer eine dieser Poleis entsandte. Auf gleiche Weise kam einer aus Akraiphnion, Kopai und Chaironeia.

(4) So ernannten die Kreise ihre obersten Amtsträger. Sie stellten aber auch je Boiotarch sechzig Ratsmänner und ersetzten ihnen ihre täglichen Unkosten. Jedem Kreis war ferner die Stellung eines Kontingents von ungefähr 1000 Hopliten und 100 Reitern aufgegeben. Allgemein gesagt: Entsprechend der Zahl der Boiotarchen hatten sie am Bundesschatz teil, zahlten ihre Beiträge, entsandten ihre Richter und nahmen gleichermaßen teil an Schlechtem wie Gutem. Das gesamte Volk hatte nun diese Verfassung, und die Versammlungen und die Bundeseinrichtungen der Boioter waren auf der Kadmeia angesiedelt.

20. (1) In Theben lagen nun, wie schon früher gesagt, die besten und angesehensten Bürger miteinander im Streit. Die eine Gruppierung führten Ismenias, Antitheos und Androkle(ida)s, die andere Leontiades, As(t)ias und Koiratades. In ihrer Politik vertraten Leontiades und die Seinen die Sache der Lakedaimonier, während Ismenias und seine Anhänger beschuldigt wurden, Athenerfreunde zu sein, weil sie die attischen Demokraten während ihres Exils unterstützt hatten.

Sp. 13 Sie vertraten allerdings nicht die Sache der Athener, sondern hatten [*eine Zeile unleserlich*] wollten lieber [- - -] übel behandeln bereitwillige [- - -].

5 2 [. . . ί]ζειν. διακε[ιμ]ένων δὲ τῶν ἐν [ταῖc Θήβαιc οὔ-
[τω κ]αὶ τῆc ἑταιρείαc ἑκατ[έρ]αc ἰcχ[υούcηc, εἰc c]τά-
[cιν πρ]οῆλθον πολλοὶ καὶ τῶν ἐν ταῖc [πόλεcι ταῖc κ]α-
[τὰ τὴ]ν Βοιωτίαν κα[ὶ] μετέ[c]χον ἐκ[ατέραc τῶν ἑ-]
[ταιρει]ῶν ἐκείνοιc. ἐδύναντο δὲ τ[ότε μὲν καὶ ἔτι]
10 [μικ]ρῷ πρότερον οἱ πε[ρ]ὶ τὸν Ἰcμη[νίαν καὶ τὸ]ν
[Ἀνδ]ροκλείδ⟨α⟩ν καὶ παρ'αὐτοῖc τοῖ[c Θηβαίοιc κ]αὶ
[παρὰ] τῇ βο[υλ]ῇ τῶν Βοιωτῶν, ἔμπρ[οcθεν δὲ] προ-
[εῖχο]ν οἱ π[ε]ρὶ τὸν Ἀcτίαν καὶ Λεοντ[ιάδην, χρόνον]
[δέ τι]να cυχνὸν καὶ τὴν πόλιν διὰ κ[ράτουc εἶ]χον.
15 3 [ὅτ]ε γὰρ πολεμοῦντεc οἱ Λακεδαιμ[όνιοι τοῖc] Ἀ-
[θην]αίοιc ἐν Δεκελείᾳ διέτρ{ε}ιβον καὶ cύc[τη]μ[α] τ[ῶ]ν
α[ὑ]τῶν cυμμάχων πολὺ cυνεῖχον, οὗτοι μ[ᾶ]λ-
λον ἐδυνάcτευον τῶν ἑτέρων, ἅμα μὲν τῷ πλ[η]cί-
ον εἶναι τοὺc Λακε[δ]αιμον[ί]ουc, ἅμα δὲ τῷ πολλὰ [τὴ]ν
20 πόλιν εὐεργετε[ῖ]cθαι δι'αὐτῶν. ἐπ[έδοcαν δὲ οἱ] Θηβαῖοι πολὺ πρὸc εὐδαιμονίαν ὁλόκλ[ηρον . . . . ε]ὐ-
θέωc ὡc ὁ πόλεμοc τοῖc Ἀθηναίοιc [cυνέcτη καὶ]
τοῖc Λακεδαιμονίοιc· ἀρξαμένων γὰρ ἀν[ταίρ]ειν
τῶν Ἀθηναίων τῇ Βοιωτίᾳ cυνῳκίcθηcαν [εἰ]c αὐ-
25 τὰc οἵ τ'ἐξ Ἐρυθρῶν καὶ Cκαφῶν καὶ Cκώλου κα[ὶ Αὐ]λί-
δοc καὶ Cχοίνου καὶ Ποτνιῶν καὶ πολλῶν ἑτέρων τοιούτων χωρίων, ἃ τεῖχοc οὐκ ἔχοντα διπλαcίαc ἐποί-
4 ηcεν τὰc Θήβαc. οὐ μὴν ἀλλὰ πολύ γε βέλτιον ἔτι τὴν
πόλιν πρᾶξαι cυνέπεcεν, ὡc τὴν Δεκέλειαν ἐπετεί-
30 χιcαν τοῖc Ἀθηναίοιc μετὰ τῶν Λακεδ[αι]μ[ονί]ων·
τά τε γὰρ ἀνδράποδα καὶ τὰ λοιπὰ πάντ[α ⟨τὰ⟩ κατὰ τὸ]ν
πόλεμον ἁλιcκόμενα μικροῦ τιν[οc ἀργυρίο]υ παρ-
ελάμβανον, καὶ τὴν ἐκ τῆc Ἀττικῆ[c κ]ατα[c]κευὴν
ἅτε πρόcχωροι κατοικοῦντεc ἅπαcαν μετεκόμι-
35 cαν ὡc αὑτούc, ἀπὸ τῶν ξύλων καὶ τοῦ κεράμου τοῦ
5 τῶν οἰκιῶν ἀρξάμενοι. τότε δὲ τῶν Ἀθηναίων ἡ
χώρα πολυτελέcτατα τῆc Ἑλλάδοc κατεcκεύαcτο·
ἐπεπόνθει γὰρ μικρὰ κακῶc ἐν ταῖc ἐμβολαῖc
ταῖc ἔμπροcθεν ὑπὸ τῶν Λακεδαιμονίων, ὑπὸ δὲ τῶν
40 Ἀθηναίων οὕτωc ἐξήcκητο καὶ διεπεπόνητο κα-
c. 14 [θ'ὑπε]ρβολήν, ὥ[cτε - - - ca. 10 - - -]δὲν παρ'αὐτοῖc ἐπα[.]

(2) So lagen die Dinge in Theben, und beides waren mächtige Gruppierungen. So gerieten auch viele Einwohner anderer Boiotischer Städte in Streit und schlossen sich der einen oder anderen Gruppierung an. Damals und auch schon kurz zuvor besaß die Gruppe um Ismenias und Androkleidas nicht nur bei sich in Theben, sondern auch in der Ratsversammlung der Boioter die Macht, während davor As(t)ias und Leontiades mit ihren Leuten eine zeitlang überlegen waren und die Polis in ihrer Gewalt hatten.

(3) Als nämlich die Lakedaimonier im Krieg gegen die Athener in Dekeleia saßen und ein starkes Aufgebot ihrer Bundesgenossen beisammen hatten, waren jene weit mächtiger als die anderen, sowohl weil die Lakedaimonier in der Nähe waren, als auch wegen der vielen Vorteile, welche die Polis durch jene erfuhr. Die Thebaner erlebten ja gleich bei Ausbruch des Krieges zwischen den Athenern und Lakedaimoniern einen bedeutenden Aufstieg in ihrem gesamten Wohlstand; denn als die Athener Boiotien zu drohen begannen, hatten sich die Einwohner von Erythrai, Skaphai, Skolos, Aulis, Schoinos, Potniai und vielen anderen derartigen Ortschaften, die über keine Mauer verfügten, mit Theben zusammengeschlossen, was dessen Größe verdoppelte.

(4) Einen noch viel größeren Aufschwung sollte die Polis jedoch nehmen, als die Thebaner gemeinsam mit den Lakedaimoniern Dekeleia gegen die Athener befestigten; konnten sie doch die Kriegsgefangenen und die gesamte sonstige Kriegsbeute um wenig Geld kaufen. Außerdem nahmen sie als Grenznachbarn alle möglichen Materialien aus Attika als Beute zu sich mit, angefangen vom Holz und den Dachziegeln.

(5) Damals war das Land der Athener auf das Kostbarste ausgestattet. Es hätte nämlich wenig unter den vorausgehenden Einfällen der Lakedaimonier gelitten, war vielmehr von den Athenern so ungemein glänzend ausgeschmückt und ausgestattet wor-

Sp. 14   den, daß [- - -], Häuser aber [- - -]er gebaut als bei den

[. . . . , ο]ἰκήσει[ς δὲ . . . . ὡ]κοδομημένας ἢ πα-
[ρὰ το]ῖς ἄλλοις [- - - ca. 13 - - -] 〚 . . τος〛 γὰρ αὐτῶν ἃ πα-
[ρὰ τῶ]ν Ἑλλήν[ων πολεμοῦντε]ς ἐλάμβανον, εἰς τοὺ[ς]
5   [ἰδίο]υς ἀγροὺς ἀ[νήγαγε. τὰ μὲν ο]ὖν πράγματα τὰ κατ-
21. [ὰ τὰ]ς Θήβας καὶ τ[ὴν Βοιωτίαν εἶχεν] οὕτως. οἱ δὲ περὶ τὸν Ἀ[ν-]
δροκλείδαν κα[ὶ τὸν Ἰσμηνίαν ἐ]σπούδαζον ἐκπολε-
μῶσαι τὸ ἔθνος [πρὸς τοὺς Λακεδα]ιμονίους, βουλόμενοι
μὲν καταλῦσαι τ[ὴν ἀρχὴν αὐτῶ]ν ἵνα μὴ διαφθαρῶσιν
10 ὑπ᾽ἐκείνων διὰ [τοὺς λακων]ίζοντας, οἰόμενοι δὲ
ῥαδίως τοῦτο πρ[άξειν ὑπολα]μβάνοντες βασιλ[έ]α
χρήματα π[α]ρέξε[ιν, ὅπερ ὁ π]αρὰ τοῦ βαρβάρου π[ε]μ-
φθεὶς ἐπηγγέλλετο, ⟨τοὺς δὲ⟩ [Κορινθίου]ς καὶ τοὺς Ἀργείου[ς] καὶ
τοὺς Ἀ[θη]ναίους μεθέ[ξειν τοῦ] πολέμου· τούτους γὰρ
15 ἐχθροὺς τοῖς Λακεδαιμ[ονίοις ὄ]ντας αὐτοῖς συμπαρ⟨α⟩-
2   [σκ]ευάσε⟨ιν⟩ τοὺς πολίτας. [δι]ανοηθέντες δὲ ταῦτα
περὶ τῶν πραγμάτων ἐνόμιζον ἀπὸ μὲν τοῦ φα-
νεροῦ χαλεπῶς ἔχειν ἐπιτίθεσθαι τούτοις· οὐδέποτε
γὰρ οὔτε Θηβαίους οὔτε τοὺς ἄλλους Βοιωτοὺς πεισθή-
20 σεσθαι πολεμεῖν Λακεδαιμονίοις ἄρχουσι τῆς Ἑλλά-
δος· ἐπιχειροῦντες [δ]ὲ διὰ ταύτης τῆς ἀπάτης προάγειν
εἰς τὸν πόλεμον αὐτούς, ἀνέπεισαν ἄνδρας τινὰς Φωκέων ἐμβαλεῖν εἰς τὴν Λοκρῶν τῶν Ἑσπερίων κα-
λουμένων, οἷς ἐγένετο τῆς ἔχθρας αἰτία τοιαύτη.
25 3   ἔστι τοῖς ἔθνεσιν τούτοις ἀμφισβητήσιμος χώρα περὶ τὸν Παρνασσόν, περ[ὶ] ἧς καὶ πρότερόν ποτε πεπολε-
μήκασιν, ἣν πολλάκις ἐπινέμουσιν ἑκάτεροι τῶν τε
Φωκέων καὶ τῶν Λοκρῶν, ὁπότεροι δ᾽ἂν τύχωσιν αἰσθό-
μενοί ποτε ⟨τοὺς⟩ ἑτέρους συλλεγέντες πολλοὶ διαρπάζουσι
30 τὰ πρόβατα. πρότερον μὲν οὖν πολλῶν τοιούτων ἀφ᾽ἑ-
κατέρων γιγνομένων ἀεὶ μετὰ δίκης τὰ πολλὰ καὶ λόγων διελύοντο πρὸς ἀλλήλους, τότε δὲ τῶν Λοκρῶν
ἀνθαρπασάντων ἀνθ᾽ὧν ἀπέβαλον προβάτων εὐ-
θὺς οἱ Φωκε[ῖ]ς, παροξυνόντων αὐτοὺς ἐκείνων τῶν
35 ἀνδρῶν ο[ὓς οἱ] περὶ τὸν Ἀνδροκλείδαν καὶ τὸν Ἰσμηνίαν παρεσκεύασαν, εἰς τὴν Λοκρίδα μετὰ τῶν ὅ-
4   πλων ἐνέβαλον. οἱ δὲ Λοκροὶ δῃουμένης τῆς χώρας
πέμψαντες πρέσβεις εἰς Βοιωτοὺς κατηγορίαν ἐ-

anderen [- - -] denn was sie im Krieg von den Griechen erlangt hatten, hatten sie auf ihre privaten Ländereien gebracht. So lagen die Dinge in Theben und Boiotien.

21. (1) Die Leute um Androkleidas und Ismenias waren bemüht, das Volk in einen Krieg mit den Lakedaimoniern zu verwickeln; sie wollten nämlich deren Vorherrschaft beseitigen, um nicht von ihnen mit Hilfe der Spartanerfreunde vernichtet zu werden; ihren Plan hielten sie überdies für leicht durchführbar weil sie glaubten, daß ihnen der Großkönig noch Geld zur Verfügung stellen wolle, wie ein von den Barbaren geschickter Gesandter angekündigt hatte, und daß die Korinther, Argiver und Athener sich an dem Krieg beteiligen würden. Denn diese seien den Lakedaimoniern feindlich gesinnt und würden ihnen die Hilfe ihrer Bürger bereitstellen.

(2) Als sie diesen Plan erwogen, war ihnen klar, daß es schwierig sein werde, die Lakedaimonier in aller Offenheit anzugreifen; denn niemals würden sich die Thebaner oder die übrigen Boioter überreden lassen, gegen die Lakedaimonier, die Herrscher über Griechenland, Krieg zu führen. Daher versuchten sie, mit folgender List ihre Bürger in den Krieg hineinzutreiben: Sie überredeten einige Männer aus Phokis, in das Gebiet der sogenannten Westlokrer einzufallen, mit denen jene aus folgendem Grund verfeindet waren:

(3) Um den Parnassos liegt ein zwischen diesen beiden Völkern strittiges Gebiet, um das sie schon in früherern Zeiten Krieg geführt hatten. Immer wieder lassen sowohl die Phoker wie die Lokrer darauf weiden, und wenn einmal eine Seite die andere dort bemerkt, dann sammeln sie sich in großer Zahl und rauben das Vieh. Früher war so etwas häufig von beiden Seiten ausgegangen, konnte jedoch stets beigelegt werden, meist durch einen Schiedsspruch oder durch Verhandlungen. Damals aber hatten die Lokrer die gleiche Zahl Schafe, wie sie verloren hatten, ihrerseits wieder geraubt, worauf die Phoker, aufgestachelt von jenen Männern, die die Leute um Androkleidas und Ismenias darauf vorbereitet hatten, sofort unter Waffen in die Lokris einfielen.

(4) Angesichts der Verwüstung ihres Landes schickten die Lokrer Gesandte zu den Boiotern, erhoben Klage gegen

πο[ιο]ῦντο τῶν Φ[ω]κέων, καὶ βοηθεῖν ἐκείνους αὐτοῖς
40　[ἠξίο]υν· διάκειν[τ]αι δὲ πρὸς αὐτοὺς ἀεί ποτε φιλίως.
c. 15　[ἀρπ]άσαντες δὲ τὸν καιρὸν ἀσμ[ένως μάλα οἱ περὶ
[τὸν Ἰc]μηνίαν καὶ τὸν Ἀνδροκλε[ίδαν ἔπεισαν τοὺς]
[Βοι]ωτοὺς βοηθεῖν τοῖς Λοκροῖς. Φω[κεῖς δέ, ἀγγελθέν-]
[τ]ων αὐτοῖς τῶν ἐκ τῶν Θηβῶν, τ[ότε μὲν ἐκ τῆς Λοκρίδος
5　[π]άλιν ἀνεχώρησαν, πρέσβεις δ[ὲ] πα[ραχρῆμα πέμψαν-]
τες πρὸς Λακεδαιμονίους ἠξίουν ἐκ[είνους ἀπει-]
πεῖν Βοιωτοῖς εἰς τὴν αὐτῶν βαδίζ[ειν. οἱ δὲ καίπερ]
λέγειν αὐτοὺς νομίσαντες ἄπιστα, [πέμψαντες ὅμως]
οὐκ εἴων τοὺς Βοιωτοὺς πόλεμον ἐκ[φέρειν πρὸς τοὺς]
10　Φωκέας, ἀλλ'εἴ τι ἀδικεῖσθαι νομίζους[ι δίκην λαμ-]
βάνειν παρ'αὐτῶν ἐν τοῖς συμμάχοις [ἐκέλευον. οἱ δέ, πα-]
ροξυνόντων αὐτοὺς τῶν καὶ τὴν ἀπ[άτην καὶ τὰ πρά-]
γματα ταῦτα συστησάντων, τοὺς μὲν [πρέσβεις τοὺς]
τῶν Λακεδαιμονίων ἀπράκτους ἀπέστε[ιλαν, αὐτοὶ δὲ]
15　5　τὰ ὅπλα λαβόντες ἐβάδ[ι]ζον ἐπὶ τοὺς Φωκέ[ας. ἐμβα-]
λόντες δὲ διὰ ταχέων εἰς τὴν Φωκίδα καὶ [πορθ]ή-
σαντες τήν τε τῶν Παραποταμίων χώραν καὶ Δαυ-
λίων καὶ Φανοτέων ἐπεχείρησαν ταῖς πόλεσι προσβάλ-
λειν· καὶ Δαυλίᾳ μὲν προσελθόντες ἀπεχώρησαν αὖθις
20　οὐδὲν ποιήσαντες, ἀλλὰ καὶ πληγὰς ὀλίγας λαβόντες,
Φανοτέων δὲ τὸ προάστιον κατὰ κράτος εἷλον. δια-
πραξάμενοι δὲ ταῦτα προῆλθον εἰς τὴν Φωκίδα, κα-
ταδραμόντες δὲ μέρος τι τοῦ πεδίου ⟨τοῦ⟩ περὶ τὴν Ἐλά-
τειαν καὶ τοὺς Πεδιέας καὶ τοὺς ταύτῃ κατοικοῦν-
25　τας ἀπῄεσαν. ποιουμένων δὲ τὴν ἀποχώρησιν
αὐτῶν {προς} παρ' Ὑ⟨άμ⟩πολιν ἔδοξεν αὐτοῖς ἀποπειρᾶ-
σθαι τῆς πόλεως· ἔστι δὲ τὸ χωρίον ἐπ⟨ι⟩εικῶς ἰσχυρόν· προσ-
βαλόντες δὲ τοῖς τείχεσι καὶ προθυμίας οὐδὲν ἐλλι-
πόντες ἄλλο μὲν οὐδὲν ἔπραξαν, ἀποβαλόντες δὲ
30　τῶν στρατιωτῶν ὡς ὀγδοήκοντα πάλιν ἀνεχώρησαν. Βοιωτοὶ μὲν ο[ὖ]ν τοσαῦτα κακὰ ποιήσαντες [τ]οὺς
22.　Φωκέ[α]ς ἀπῆλθον εἰς τὴν ἑαυτῶν. Κόνων δέ, παρειλη-
φότος ἤδη Χειρικράτους τὰς ναῦς τὰς τῶν Λακεδαιμονίων καὶ τῶν συμμάχων, ὃς ἀφίκετο ναύαρχος διά-
35　δοχος τῷ Πόλλιδι, συμπληρώσας εἴκοσι τῶν τριήρων

die Phoker und baten jene um Hilfe; beide Völker pflegen ja
stets gegenseitige Freundschaft.

Sp. 15 Die Leute um Ismenias und Androkleidas ergriffen nur zu gern
diese günstige Gelegenheit und überredeten die Boioter, den
Lokrern zu helfen. Als die Phoker diese Neuigkeiten aus Theben
erfuhren, zogen sie wieder aus der Lokris ab und schickten
sogleich Gesandte zu den Lakedaimoniern mit der Bitte, den
Boiotern das Betreten ihres Landes zu untersagen. Die
Lakedaimonier fanden zwar diesen Bericht unglaubwürdig,
schickten aber dennoch eigene Gesandte an die Boioter und
gestatteten ihnen nicht, gegen die Phoker in den Krieg zu ziehen.
Wenn sie meinten, es sei Unrecht geschehen, so sollten sie stattdessen, so befahlen die Lakedaimonier, auf einer Versammlung
der Bundesgenossen einen Schiedsspruch von ihnen erlangen.
Aufgestachelt von denen, die sowohl den Anschlag als auch
seine Folgen veranlaßt hatten, schickten jedoch die Thebaner die
lakedaimonischen Gesandten unverrichteter Dinge fort, griffen
selbst zu den Waffen und zogen gegen die Phoker.

(5) Rasch brachen sie in die Phokis ein, verwüsteten das
Gebiet der Parapotamier, Daulier und Phanoter und versuchten,
auch ihre Städte anzugreifen. Doch als sie gegen Daulia
vorrückten, mußten sie unverrichteter Dinge abziehen, ja sogar
einige leichte Rückschläge einstecken. Das vorstädtische Gebiet
von Phanoteis konnten sie allerdings mit Truppen besetzen.
Nach diesem Erfolg drangen sie weiter in die Phokis ein, suchten
einen Teil der Ebene um Elateia und Pedieis und die dortige
Bevölkerung heim und zogen dann ab. Als sie aber auf dem
Rückmarsch an Hyampolis vorüberzogen, beschlossen sie, einen
Angriff auf die Stadt zu unternehmen; der Ort ist jedoch gut
befestigt. Obwohl sie die Mauern bestürmten und es in ihrem
Mut an nichts fehlen ließen, konnten sie deshalb nichts weiter
ausrichten, verloren aber etwa 80 ihrer Soldaten und zogen
wieder ab. Nachdem die Boioter den Phokern so viel Schaden
zugefügt hatten, kehrten sie in ihr eigenes Land zurück.

22. (1) Konon hingegen bemannte zu der Zeit, als
Cheirikrates als Nauarch und in dieser Funktion der
Nachfolger des Pollis eingetroffen war und den Befehl über
die Schiffe der Lakedaimonier und ihrer Verbündeten

ἀναγόμενος ἐκ τῆς Ῥόδου κατέπλευσεν εἰς Καῦνον·
βουλόμενος δὲ συμμεῖξαι τῷ Φαρναβάζῳ κα[ὶ] τῷ
Τιθραύστῃ καὶ χρήματα λαβεῖν ἀνέβαινεν ἐκ τῆς
2 Καύνου πρὸς αὐτούς. ἐτύγχανε δὲ τοῖς στρατιώ-

c. 16 ταις κατὰ τοῦτον τὸν χρόνον προσοφειλόμε-
νος μισθὸς πολλῶν μηνῶν· ἐμισθοδοτ[οῦ]ντο γὰρ ὑ-
πὸ τῶν στρατηγῶν κακῶς, ὃ ποιεῖν ἔθ[ος] ἐστὶν ἀ-
εὶ τοῖς πολεμοῦσι⟨ν⟩ ὑπὲρ βασιλέως, ἐπε[ὶ ⟨καὶ⟩ κα]τὰ τὸν
5 Δεκελεικὸν πόλεμον, ὁπότε σύμμ[αχοι] Λακεδαι-
μονίοι⟨ς⟩ ἦσαν, κομιδῇ φαύλως καὶ γλίσχ[ρω]ς παρείχοντο χρήματα, καὶ πολλάκις ἂν κατ[ε]λύθησαν
αἱ τῶν συμμάχων τρ[ι]ήρεις εἰ μὴ διὰ τὴν Κύρου
προθυμίαν. τούτων δὲ βασιλεὺς αἴτιός ἐστι⟨ν⟩, ὃς
10 ἐπειδὰν ἐνστήσηται πόλεμον καταπέμψας
κατ᾽ἀρχὰς ὀλίγα χρήματα τοῖς ἄρχουσιν ὀλιγωρεῖ
τὸν ἐπίλοιπον χρόνον, οἱ δὲ τοῖς πράγμασιν ἐ-
φεστῶτες οὐκ ἔχοντες ἀναλίσκειν ἐκ τῶν ἰδί-
ων πε[ριορῶ]σιν ἐνίοτε καταλυομέν[α]ς τὰς αὐτῶν
15 3 [δυνάμ]εις. ταῦτα μὲν οὖν οὕτως συμβαίνειν
εἴωθε· Τιθραύστης δέ, παραγενομένου τοῦ Κόνωνος ὡς αὐτὸν καὶ λέγοντος ὅτι κινδυνεύσει συν-
τριβῆναι τὰ πράγματα διὰ χρημάτων ἔνδειαν,
οἷς τοὺς ὑπὲρ βασιλέως πολεμοῦντας οὐκ εὐλό-
20 γως ἔχειν ἀπαγορεύ[ε]ιν, ἀποστέλλει τινὰς τῶν με-
θ᾽αὑτοῦ βαρβάρων ἵνα μισθὸν δῶσι τοῖς στρατιώ-
ταις, ἔχοντας ἀργυρίου τάλαντα διακόσια καὶ εἴ-
κοσι⟨ν⟩· ἐλήφθη δὲ τοῦτο ⟨τὸ⟩ ἀργύριον ἐκ τῆς οὐσίας τῆς
Τισσαφέρνους. Τιθραύστης μὲν οὖν ἔτι περιμεί-
25 νας ὀλίγον χρόνον ἐν ταῖς Σάρδεσιν ἀνέβαινεν
ὡς βασιλέα, καταστήσας στρατηγοὺς ἐπὶ τῶν πραγμάτων Ἀριαῖον καὶ Πασιφέρνη καὶ παραδοὺς αὐτοῖς
εἰς τὸν πόλεμον τὸ καταλειφθὲν ἀργύριον καὶ χρυ-
23. σίον, ὅ φασι φανῆναι περὶ ἑπτακόσια τάλαντα. τῶν
30 δὲ Κυπρίων οἱ μετὰ τοῦ Κόνωνος καταπλεύσαν-
τες εἰς τὴν Καῦνον, ἀναπεισθέντες οὕτω τινῶν
διαβαλλόντων, ὡς αὐτοῖς μὲν οὐ μέλλουσιν ἀπο-
διδόναι τὸν μισθὸν τὸν ὀφειλόμενον, παρασκευ-

übernommen hatte, zwanzig Trieren, stach damit von
Rhodos aus in See und fuhr nach Kaunos. Er wollte nämlich
mit Pharnabazos und Tithraustes zusammentreffen und
Gelder in Empfang nehmen und begab sich nun von Kaunos
aus ins Binnenland zu ihnen.

(2) Er schuldete den Soldaten zu dieser Zeit gerade den

Sp. 16   Sold für viele Monate. Sie wurden nämlich von den
Kommandeuren nur schlecht besoldet, wie es denen, die für
den Großkönig kämpfen, üblicherweise ergeht; auch schon
im Dekeleischen Krieg, als sie mit den Lakedaimoniern
verbündet waren, gewährten sie ihre Gelder ganz geizig
und ungenügend, und des öfteren hätten sich die Trieren
der Bundesgenossen zerstreut, wäre nicht Kyros energisch
eingeschritten. Das liegt an dem Großkönig; beginnt er
einen Krieg, so schickt er zu Anfang den Befehlshabern
etwas Geld hinunter, kümmert sich aber dann die übrige
Zeit nicht mehr, während die Befehlshaber die Auslagen aus
Eigenem nicht zu decken vermögen und zuweilen untätig
zuschauen müssen, wie sich ihre Streitmacht auflöst.

(3) So pflegt das zu gehen, doch als Konon zu Tithraustes
kam und ihm erklärte, das Unternehmen drohe aus Mangel
an Geld zusammenzubrechen - Geld aber könne man denen,
die für den König kämpften, doch vernünftigerweise nicht
abschlagen -, da schickte Tithraustes einige Barbaren aus
seinem Gefolge mit 220 Silbertalenten los, damit sie die
Soldaten bezahlten. Das Geld wurde aus dem Privatbesitz
des Tissaphernes genommen.

Tithraustes selbst blieb noch kurze Zeit in Sardes, dann
reiste er zum Großkönig ins Binnenland. Zuvor hatte er die
Kommandeure Ariaios und Pasiphernes mit dem
Oberbefehl betraut und ihnen für die Kriegführung das
restliche Silber und Gold übergeben, das sich auf 700
Talente belaufen haben soll.

23. (1) Jene der Kyprer aber, die mit Konon zusammen
nach Kaunos gefahren waren, ließen sich von einigen
Verleumdern überzeugen, man wolle ihnen den
ausstehenden Sold nicht geben; nur die Ausbezahlung der
Ruderer und Seesoldaten werde vorbereitet. Sie waren

άζονται δὲ διαλύς[ει]ς μόνον τα[ῖ]ς ὑπηρεσίαις
35 καὶ τοῖς ἐπιβάταις, χαλεπῶς ἔφερον, καὶ συνελθόν-
τες εἰς ἐκκλησίαν εἵλοντο ϲτρα[τ]ηγὸν αὐτῶν
ἄνδρα Καρπασέα τὸ γέ[ν]ος, καὶ το[ύτ]ῳ φυλακὴν
ἔδοϲαν τοῦ ϲώματος δύο ϲ[τρατι]ώτας ἀφ'ἑκάϲτης
c. 17 [τάξεωϲ - - - ca. 12 - - -]ιπ[- - - ca. 20 - - -]
[- - - ca. 11 - - -] . α . [. . . .]τωῃ[- - - ca. 19 - - -]
[- - - ca. 7 - - -] τὸν Κόνωνα [- - - ca. 18 - - -]
[- - - ca. 8 - - -]ὼϲ ἐτύγχανε . [- - - ca. 10 - - -]υϲ[. . . . . .]
5 [. . . . . . .]αραιει κατελ[θόντος τοῦ Κό]νωνος . [. .]
2 [. . . διελέ]γετο περὶ τῷ[ν πραγμάτ]ωῃ. Κόνων δὲ ῳ[.]
[. . . . . . . α]ὐτῶν τ[οὺς . . . . . . ο]υς οὐκ εἴα πιστεύειν
[- - - ca. 8 - - -] εκλ[.] . [. . . . . . . τῶν] Ἑλλήνων, ἀλ[λ]ὰ πάν-
[τας ἔφη τὸν μιϲθὸν ἀπὸ τῆς ἴϲη]ϲ κομιεῖϲθαι, ταύτην
10 [δὲ τὴν ἀπόκρισιν ποιηϲάμενος] ἔφασκεν βούλεϲθαι
[δ]ια[δηλῶϲαι καὶ τοῖς ἄλλ]οις· ὁ δὲ ϲτρατηγὸς ὁ τῶν
[Κ]υπρ[ίων ὁ Καρπα]ϲε[ὺς αὐτῷ] πρὸς τὸ πλῆθος τὸ τῶν
3 ϲτρατιω[τῶν ἠ]κολο[ύθει. ἐκ]είν[ο]υ δὲ συνεξορμήϲαν-
τ[ο]ς, ἐπε[ιδὴ πορ]ευόμεν[οι κα]τὰ τὰς πύλας ᾖσαν, ὁ μὲν
15 Κόνων [ὥσπερ] ἔτυχεν ἡγ[ού]μενος ἐξεληλύθει πρότε-
ρος ἐκ τ[οῦ] τείχους, τοῦ δὲ ἀ[νθ]ρώπου τοῦ Καρπασέως, ὡς
ἦν ἐξι[ὼ]ν κατὰ τὰς πύλας, ἐπιλαμβάνονται τῶν Μεϲ-
ϲηνίω[ν] τινὲς τῶν τῷ Κόνωνι παρακολουθεῖν εἰω-
θότων, [οὐ] μετὰ τῆς ἐκείνου γν[ώ]μης, ἐπιθυμοῦντες ἐν
20 τῇ πόλε[ι] κατασχεῖν αὐτόν, ὅπ[ως] ἂν ὧν ἐξήμαρτεν
δῷ δίκ[η]ν. οἱ δὲ συνακολουθο[ῦντ]ες τῶν Κυπρίων ἀν-
τελαμ[β]άν[ο]ντο τ[οῦ Καρπασέ]ως καὶ διεκώλυον τοὺς
Μεϲϲη[νίους] ἄγει[ν αὐτόν, α]ἰϲθανόμενον δὲ καὶ τὸ
τῶν ἔξ[ω Κυπρ]ίων [πλῆθος ἐπ]εβοήθει τῷ ϲτρατηγῷ. ὁ [δ]ὲ
25 Κόνων [. . . . .] πε[. . . . .] τοὺ[ς] ἀνθρώπους εἰϲπη-
δήϲας [- - - ca. 16 - - -]υϲεν [ε]ἰς τὴν πόλιν· οἱ δὲ Κύ-
πριοι τ[οὺς Μεϲϲηνίους τοὺ]ς ἁψαμένους τοῦ Κα[ρ-]
πασέω[ϲ βά]λλ[οντες ἀπέκρο]υϲαν, αὐτοὶ δὲ πεπεισμ[έ-]
νοι πάντα π[αρὰ τὸ προσῆκον τ]ὸν Κόνωνα παρε-
30 ϲκευάϲθαι περ[ὶ τὴν τοῦ μισθοῦ] διάδοϲιν ε[ἰϲέ]β[αι-]
νον ε[ἰ]ς τὰς τρ[ιή]ρεις ἐπ[ὶ ταύταις τ]αῖς πράξεσιν, ὥς γέ
τινες ἔλεγον, [μ]έλλον[τες τοὺς ἐκ] τῆς Ῥόδου παρ[α]λα-

empört, kamen in einer Versammlung zusammen und wählten als Anführer einen Mann aus Karpasia. Und sie gaben ihm eine Leibwache von zwei Mann je [Einheit] an die Seite [- - -].

Sp. 17   [- - -]

[- - -]

[- - -]Den Konon [- - -]

[- - -] war zufällig [- - -]

[- - -] nachdem Konon zurückgekehrt war [- - -]

[- - -] besprach sich über die Lage.

    (2) Konon [- - -]

[- - -] ihre Worte und hieß sie nicht glauben,

[- - -] der Griechen, sondern alle erhielten, [sagte er, gleichberechtigt ihren Sold]. Nachdem er ihnen diese Antwort erteilt hatte, sagte er, er wolle auch die anderen noch unterrichten. Der Anführer der Kyprer aber, jener Karpasier, begleitete ihn zum Gros der Soldaten.

    (3) Und so brach jener mit ihm zusammen auf. Als beide ans Tor kamen, trat Konon, der zufällig vorausging, als erster vor die Mauer hinaus, den Mann aus Karpathos aber faßten in dem Augenblick, als er eben durchs Tor schritt, einige Messenier aus der Begleitung des Konon ohne dessen Wissen und wollten ihn in der Stadt festhalten, damit er für seine Vergehen bestraft werde. Die Kyprer aber, die mitgekommen waren, packten ihrerseits den Karpasier und hinderten die Messenier an seiner Verhaftung. Und als die Masse der Kyprer draußen den Vorfall bemerkte, kamen auch sie ihrem Führer zur Hilfe. Konon [- - -] die Menschen [- - -] eilte in die Stadt zurück, während die Kyprer die Messenier, die den Karpasier ergriffen hatten, bewarfen und vertrieben. Und weil sie meinten, Konon handle in allem, was die Ausbezahlung des Soldes betreffe, ungerecht, bestiegen sie nach diesen Taten die Trieren, um, wie einige sagten, ihre Leute [?] in Rhodos an Bord zu nehmen und

4 βόν[τε]c εἰc Κύπρον πλε[ῖν, ἐπιπλ]εύcαντεc δὲ τῇ Cα-
λαμ[ῖ]νι, ὅπου καὶ παρακ[αλέcαν]τεc τοὺc βουλομέ-
35 [νουc τῶν Κ]υπρίων βαδι[εῖcθαι] πρὸc τὴν ἀκρόπο-
[λιν, ἵνα τὴ]ν ἀρχὴν τ[- - - ca. 10 - - -] καταλύcωcι⟨ν⟩ ὡc
[αἰτίου μό]νου πάν[των αὐτοῖc τῶ]ν κακῶν, ὁμοί-
[ωc δὲ . . . . . . π]οιηc[- - - ca. 13 - - -]ν αὐτοῖc εἰc
[- - - ca. 13 - - -]εcια[- - - ca. 14 - - -] τῶν λόγων
40 [- - - ca. 32 - - -] . [. .] τὴν
c. 18 πόλιν τα[- - - ca. 22 - - - ἀ]ποπλεύcαν-
τεc ἀπὸ τῆc . [- - - ca. 18 - - -] β[ουλό]μενοι
5 χρήcαcθαι τοῖc αὐτ[- - - ca. 10 - - - τῶν] τριήρων. Κόνων δὲ κατηγμέ[νων αὐτῶν προc]ελθὼν πρὸc
5 Λεώνυμον τὸν τ[ῶν πεζῶν ὕπαρχον εἶ]π[ε]ν αὐτῷ ὅ-
τι μόνοc δύναται τ[ὰ πράγματα cῶcαι] τ[ὰ βα]cιλέωc· εἰ
γὰρ αὐτῷ βούλεται δ[οῦναι τούc τε φρο]υροὺc τοὺc ["Ελ-]
ληναc, οἳ τὴν Καῦνον [φρουροῦcι, καὶ] τῶν Καρῶν
ὡc πλείcτουc, παύcει[ν τὴν ἐν τῷ cτ]ρατοπέδῳ τα-
10 ραχήν. κελεύcαντοc δ[ὲ τοῦ Λεωνύμ]ου λαμβάνειν
ὁπόcουc βούλεται cτρατ[ιώταc, ταύτ]ην μὲν τὴν
ἡμέραν παρῆκεν, καὶ γὰρ ἤ[ν ἥλιοc ἤ]δη περὶ δυcμάc,
εἰc δὲ τὴν ἐπιοῦcαν, πρὶν ἡμ[έραν γ]ενέcθαι, λαβὼν
παρὰ τοῦ Λεωνύμου τῶν τε [Καρῶν] cυχνοὺc καὶ τοὺc
15 Ἕλληναc ἅπανταc ἐξήγαγεν [αὐτο]ὺc ἐκ τῆc πόλεωc·
ἔπειτα τοὺc μὲν [ἔξ]ωθεν αὐτοῦ τοῦ cτρατοπέδου πε-
ριέcτηcεν, τοὺc [δὲ . . .] . [. . . . . .]ν πρόc τε τὰc ναῦc κα[ὶ]
τὸν αἰγιαλὸν [διετάξατο. τα]ῦτα δὲ ποιήcαc καὶ κελεύ-
cac κηρῦξαι τ[ὸν κήρυκα χω]ρεῖν ἕκαcτον τῶν cτρα-
20 τιωτῶν ἐπὶ τὴ[ν ἑαυτοῦ, cυ]νέλαβε τῶν Κυπρίων
τόν τε Καρπαcέ[α καὶ τῶν ἄλ]λων ἑξήκοντα, καὶ τοὺc
μὲν ἀπέκτειν[ε, τὸν δὲ cτρα]τηγὸν ἀνεcταύρωcεν.
6 ἀκούcαντεc δ[ὲ . . . . ο]ἱ καταλειφθέντεc ἐν τῇ
Ῥόδῳ ⟨δι⟩ηγανάκτ[ουν, καὶ χαλεπ]ῶc ἐνεγκόντεc τοὺc μὲν
25 ἄρχονταc τοὺc [ὑπὸ τοῦ Κόνω]νοc καταcτάνταc βάλ-
λοντεc ἐξήλαc[αν ἐκ τοῦ] cτρατοπέδου, τὸν δὲ λιμένα καταλιπόν[τεc πολὺν] θόρυβον καὶ ταραχὴν παρ-
[έ]cχον τοῖc Ῥοδ[ίοιc· ὁ δὲ Κό]νων ἀφικόμενοc ἐκ τῆc
Καύνου τούc τ[ε ἄρχοντ]αc αὐτῶν cυλλαβὼν ἀπέκτει-

dann nach Zypern zu fahren.

(4) Beim Erreichen von [Salamis] aber wollten sie alle Kyprer, die dazu bereit wären, aufrufen, zur Akropolis zu ziehen, um die Herrschaft [- - -] zu stürzen,

da er allein an all ihrem Unglück schuldig sei, gleichermaßen [- - -] ihnen nach

[- - -] der Worte

[- - -]

Sp. 18 die Stadt [- - -] abgefahren

von [- - -] um zu

gebrauchen [- - -] der Trieren.

(5) Konon aber begab sich, als [die Kyprer] gelandet waren, zu Leonymos, dem Hyparchos der Fußtruppen, und erklärte ihm, daß er allein imstande sei, die Sache des Großkönigs zu retten. Wenn er ihm nämlich die griechischen Wachen, die Kaunos schützten, und möglichst viele von den Karern geben wolle, dann werde er der Empörung im Lager ein Ende setzen. Als aber Leonymos ihn aufforderte, so viele Soldaten zu nehmen wie er wolle, ließ Konon diesen Tag verstreichen – die Sonne war ja schon im Untergehen - und nahm von Leonymos erst tags darauf, ehe es hell geworden war, viele Karer und sämtliche Griechen und führte sie aus der Stadt heraus. Dann ließ er den einen Teil von ihnen rings um das Lager selbst Stellung beziehen, die anderen aber führte er zu den Schiffen und an den Strand. Danach befahl er dem Herold auszurufen, jeder Soldat solle zu seinem Schiff gehen, und von den Kyprern nahm er den Karpasier und sechzig andere fest, ließ jene hinrichten, den Anführer aber kreuzigen.

(6) Als die in Rhodos zurückgelassenen davon hörten, waren sie sehr erbittert; sie griffen die von Konon bestellten Offiziere an und jagten sie aus dem Lager, dann verließen sie den Hafen und stifteten unter den Rhodiern viel Unruhe und Verwirrung. Doch Konon ließ nach seinem Eintreffen aus Kaunos ihre Anführer festnehmen und hinrichten, den übrigen aber ihren Sold ausbezahlen. So geriet das

30   νε καὶ τοῖc ἄλλ[οιc μιcθὸ]ν διέδωκε. τὸ μὲν οὖν βαcι-
     λικὸν cτρατό[πεδον οὕτ]ωc εἰc μέγαν κίνδυνον
     προελθὸν διὰ Κόνων[α καὶ] τὴν ἐκείνου προθυμίαν
24. ἐπαύcατο τῆc ταραχῆ[c. Ἀ]γηcίλαοc δὲ παρα[π]ορευ-
     όμ[εν]οc εἰc τὸν Ἑλλήcπ[ο]ντον ἅμα τῷ cτρατ[ε]ύμα-
35   τ[ι τῶν Λ]ακεδαιμονίων κ[α]ὶ τῶν cυμμάχων ὅcον μὲν
     χ[ρόνο]ν ἐβάδ{ε}ιζε διὰ τῆ[c] Λυδίαc [ο]ὐδὲν κακὸν ἐποί-
     [ει τοὺc] ἐνοικοῦντεc, β[ουλ]όμενοc ἐμμ[έν]ειν ταῖc cπον-
     [δ]αῖ[c τ]αῖc πρὸc Τιθραύ[cτ]ην γενομ[έναιc·] ἐπειδὴ δὲ κα-
     [τ]ῆρεν εἰc τὴν χ[ώραν] τὴν Φαρν[αβά]ζου, προῆγε τὸ
c. 19 cτράτ[ε]υμα λεηλατῶν καὶ πορθῶν τὴ[ν γῆν. ἐπειδὴ]
     δὲ παραλλάξα[c τ]ό τε Θήβηc πεδίον καὶ τ[ὸ Ἀπίαc]
     καλούμενον ε[ἰc]έβαλεν εἰc τὴν Μυcία[ν, προcέκει-]
     το τοῖc Μυcο[ῖ]c κελ[εύω]ν αὐτοὺc cυcτρ[ατεύειν με-]
5   τ᾽αὐτῶν· εἰcὶ γὰρ οἱ πολ[λ]οὶ [τ]ῶν Μυcῶν αὐ[τόνομοι καὶ]
     βαcιλέωc οὐχ ὑπακούον[τ]εc. ὅcοι μὲν οὖν [τῶν Μυ-]
     cῶν μετέχειν ἡροῦντο τῆc cτρατείαc, [οὐδὲν ἐ-]
     ποίει κακὸν αὐτούc, τῶν δὲ λοιπῶν ἐδή[ου τὴν χώ-]
2   ραν. ἐπειδὴ δὲ προϊὼν ἐγένετο κατὰ μέcο[ν μάλι-]
10   cτα τ[ὸ]ν Ὄλυμπον τὸν Μύcιον καλούμεν[ον, ὁρῶν]
     χαλ[ε]πὴν καὶ cτενὴν οὖcαν τὴν δίοδον [καὶ βου-]
     λόμ[ενοc] ἀcφα[λῶ]c πορευθῆναι δι᾽αὐτῆc, πέμ[ψαc]
     τινὰ[c εἰ]c τ[οὺc Μ]υcοὺc καὶ cπειcάμενοc πρὸc α[ὐ-]
     τοὺc ἦ[γε τὸ] c[τράτ]ευμα διὰ τῆc χώραc. παρέντ[ε]c
15   δὲ π . [. . . . . . . τῶν Π]ε[λ]οποννηcίων καὶ τῶν cυμ[μ]ά-
     χ[ων, ἐπιθέμενοι τ]οῖc τελευταίοιc αὐτῶν καταβάλ-
     λ[ουcι πλῆθόc τι τ]ῶν cτρατιωτῶν ἀτάκτων διὰ τὰc
     cτ[ενοχωρίαc ὄντ]ων. Ἀγηcίλαοc δὲ καταζεύξαc
     τ[ὸ cτράτευμα τα]ύτην τὴν ἡμέραν ἡcυχία[ν]
20   ἦ[γε ποιῶν τὰ νο]μ[ιζ]όμενα τοῖc ἀποθανοῦcι· διε-
     φθάρη[cαν] δὲ περὶ πεντήκοντα τῶν cτρατιωτῶν·
     εἰc δὲ τ[ὴν] ἐπιοῦcαν καθίcαc εἰc ἐνέδραν πολλοὺc
     τῶν μ[ιcθοφ]όρων τῶν Δερκυλιδείων καλουμένων
     ἀναc[τὰc πρ]οῆγε τὸ cτράτευμα πάλιν. τῶν δὲ Μυcῶν
25   οἰηθ[έντεc ἕ]καcτοι διὰ τὴν πληγὴν τὴν τῇ προ-
     τεραίᾳ γενο]μένην ἀπιέναι τὸν Ἀγηcίλαον, ἐξελ-
     θόντ[εc ἐκ τ]ῶν κωμῶν ἐδίωκον, ὡc ἐπιθηcόμενοι

königliche Lager in große Gefahr, wurde aber durch Konon und seine Entschlossenheit wieder beruhigt.

24. (1) Agesilaos marschierte indessen mit dem Heer der Lakedaimonier und ihrer Bundesgenossen zum Hellespont. Solange er durch Lydien zog, fügte er den Einwohnern keinen Schaden zu, denn er wollte sich an den mit Tithraustes geschlossenen Waffenstillstand halten. Als er jedoch das Gebiet des Pharnabazos erreichte,

Sp. 19 ließ er seine Truppen auf dem weiteren Wege Beute machen und das Land verwüsten. Als er aber die Ebene von Thebe durchquerte und die sogenannte Ebene von Apia, stieß er nach Mysien vor und drängte die Mysier, sich seinem Feldzug anzuschließen. Die meisten Mysier sind nämlich selbständig und dem Großkönig nicht untertan. Alle Mysier nun, die sich am Krieg beteiligen wollten, ließ er unbehelligt, während er das Land der anderen verwüstete.

(2) Als aber Agesilaos auf dem Vormarsch etwa in die Mitte des sogenannten Mysischen Olympos gelangte, sah er, daß der Weg hindurch schwierig und eng war und schickte, da er ihn sicher durchqueren wollte, einige Männer zu den Mysiern. Erst nach Abschluß eines Vertrags führte er seine Truppen durch das Land.

Nachdem die Mysier aber [die meisten] der Peloponnesier und ihrer Bundesgenossen hatten durchziehen lassen, fielen sie über deren Nachhut her und erschlugen [einige] der Soldaten, die wegen des engen Weges nicht in Marschordnung ziehen konnten. Agesilaos ließ nun sein Heer lagern, hielt diesen Tag über Ruhe und bestattete die Gefallenen gemäß den Sitten; von den Soldaten waren nämlich etwa 50 gefallen. Doch am nächsten Tage legte er viele der sogenannten derkylideischen Söldner in einen Hinterhalt, brach dann auf und zog mit dem Heer wiederum weiter.

Da alle Mysier meinten, Agesilaos ziehe wegen des am Vortage erlittenen Rückschlages ab, verließen sie ihre Dörfer und nahmen die Verfolgung auf, um die Nachhut in derselben Weise wieder anzugreifen. Doch die Griechen, die

τοῖc τ[ελευ]ταίοιc τὸν αὐτὸν τρόπον. οἱ δὲ τῶν Ἑλλήνων ἐ[νεδρεύ]οντεc, ὡc ἦcαν κατ᾽αὐτούc, ἐκπηδή-
30   cαντεc ἐ[κ τ]ῆc ἐνέδραc εἰc χεῖραc ἤεcαν τοῖc πολε-
μίοιc. τῶν δὲ Μυcῶν οἱ μὲν ἡγούμενοι καὶ πρῶ-
τοι διώκο[ν]τεc ἐξαίφνηc τοῖc Ἕλληcι cυμμείξαν-
τεc ἀποθ[ν]ήcκουcι⟨ν⟩, οἱ δὲ πολλοὶ κατιδόντεc τοὺc πρώ-
τουc α[ὑτῶ]ν ἐν πληγαῖc ὄνταc ἔφευγον πρὸc τὰc κώ-
35   μαc. Ἀγ[ηcίλ]αοc δὲ προcαγγελθέντων αὐτῷ τούτων
μετα[βαλόμε]νοc ἀπῆγε τὸ cτράτευμα πάλιν τὴν
αὐτὴν [ὁδόν, ἕ]ωc cυνέμειξε τοῖc ἐν τα[ῖ]c ἐνέδραιc,
καὶ κα[τεcκή]νωcεν εἰc τὸ cτρατόπεδον, ᾗ καὶ τῇ
      3 προτέρᾳ [κ]ατεcτρατοπέδευc⟨ε⟩ν. μετὰ δὲ ταῦτα τῶν
c. 20   μὲν Μυcῶν, ὧν ἦcαν [οἱ ἀποθανόντεc, ἕκαcτοι κή-]
ρυκαc πέμψαντεc α[- - - ca. 16 - - - ἀνείλον-]
το τοὺc νεκροὺc ὑ[ποcπόνδουc· ἀπέθανον δὲ πλείουc]
ἢ τριάκοντα καὶ ἑκ[ατόν· Ἀγηcίλαοc δὲ λαβὼν ἐκ τῶν]
5   κωμῶν τιναc καθ[ηγεμόναc καὶ ἀναπαύcαc . . . .]
ἡμέραc τοὺc cτρ[ατιώταc ἦγεν εἰc] τὸ πρόcθεν τ[ὸ]
cτράτευμα, καὶ κα[τα]βιβάcαc [εἰc τὴ]ν χώραν τῶν Φ[ρ]υ-
γῶν, οὐκ εἰc [ἣ]ν τοῦ προτέρου [θέρ]ουc ἐνέβαλεν, ἀλ-
[λ᾽ε]ἰc ἑ[τέ]ραν ⟨οὖcαν⟩ [ἀ]πόρ[θ]ητον, κα[κῶ]c αὐτὴν ἐποίει, Cπι-
10   4 [θρ]αδάτη[ν ἔχ]ων ἡγεμόνα [καὶ τ]ὸν υ⟨ἱ⟩όν. ὁ δὲ Cπιθρα-
δά[τ]ηc τὸ μὲν γένοc ἦν Πέρ[cηc, δι]ατρίβω[ν] δὲ πρὸc
τῷ Φαρναβάζῳ καὶ θεραπεύων [ἐκεῖ]νο̣ν, εἰ[τα δὲ εἰc] ἔχ-
θραν καταcτὰc πρὸc αὐτόν, φοβηθεὶc μ[ὴ κατα]ληφθῇ
καὶ κακόν τι πάθῃ, παραυτίκα μὲ[ν] ἀπέ[φυγεν]
15   εἰc Κύζικον, ὕcτερον δ[ὲ] ὡc Ἀγη[c]ί[λαο]ν [ἧκεν ἄγω]ν
[Με]γαβάτην υ⟨ἱ⟩ὸν νέον ὄντα καὶ καλόν. Ἀγηcίλαοc δὲ
τούτων γενομένων ἀνέλαβεν αὐτοὺc μάλιcτα
μὲν ἕνεκα τοῦ μειρακίου· λέγεται γὰρ ἐπιθυμητι-
κῶc αὐτοῦ cφόδρα ἔχειν· ἔπειτα δὲ καὶ διὰ Cπιθριδά-
20   τ[ην,] ⟨ἡγούμενοc⟩ ἡγεμόνα τε τῆc cτρατιᾶc αὐτοῖc ἔcεcθαι καὶ
      5 [πρὸc] ἄ̣λλα̣ χρήcιμον. ἐκείνουc μὲν οὖν τ[ο]ύ-
τ[ων] ἕνεκα ὑπεδέξατ[ο] προθύμωc, αὐτὸc δὲ προάγων εἰc τὸ πρόcθεν ἀεὶ τὸ cτράτευμα καὶ λεηλατῶν τὴν τοῦ Φαρναβάζου χώραν ἀφικνεῖται
25   πρὸc χωρίον, ὃ καλεῖται Λεόντων Κεφαλαί. καὶ

im Hinterhalt lagen, griffen in dem Augenblick, als die
Feinde bei ihnen waren, aus dem Hinterhalt heraus an. Die
Anführer der Mysier und die vordersten Verfolger gerieten
sofort ins Gefecht und fielen, die meisten aber flohen, als sie
ihre Kameraden an der Spitze in Kämpfe verwickelt sahen,
in ihre Dörfer. Als ihm dies gemeldet wurde, führte
Agesilaos das Heer auf demselben Weg wieder zurück, bis
er sich mit seinen Leuten, die im Hinterhalt gelegen hatten,
vereinigen konnte. Und er lagerte seine Truppen an
derselben Stelle, wo er es auch schon am Vortage getan
hatte.

(3) Darauf

Sp. 20 schickten jene Mysier, denen die Gefallenen angehörten,
Herolde [- - -] und bargen die Toten unter dem Schutz
eines Waffenstillstandes; es waren mehr als 130 gefallen.
Agesilaos aber nahm sich aus den Dörfern einige Männer als
Führer, ließ seine Leute [- - -] Tage rasten und marschierte
dann mit dem Heer weiter. Dabei zog er in das Land der
Phryger hinab, nicht in die Gegend, in die er während des
letzten Sommers eingefallen war, sondern in ein anderes,
noch unverwüstetes Gebiet. Dieses verheerte er und hatte
dabei Spithradates und seinen Sohn als Führer.

(4) Dieser Spithradates war von Geburt Perser; er lebte bei
Pharnabazos und stand in seinen Diensten. Dann überwarf er
sich mit ihm und fürchtete deshalb, verhaftet zu werden und
ein böses Schicksal zu erleiden. So floh er sofort nach Kyzikos,
kam später aber zu Agesilaos und brachte dabei seinen Sohn
Megabates mit, der jung und schön war. Agesilaos nahm nun
beide nach diesen Vorfällen auf, vor allem wegen des Jünglings
— es heißt nämlich, er habe ihn sehr begehrt —, dann aber auch,
weil er meinte, Spithradates könne ihnen als Führer des Heeres
dienen und auch noch zu anderen Zwecken nützlich sein.

(5) Aus diesen Gründen also nahm Agesilaos beide herzlich
auf. Er marschierte aber mit seinem Heer weiter und weiter,
plünderte dabei das Gebiet des Pharnabazos und gelangte
schließlich zu einer Ortschaft namens Leonton Kephalai. Und
als er mit Sturmangriffen auf den Ort keinen Erfolg hatte, brach

ποιησάμενος πρὸς αὐτὸ προσβολάς, ὡς οὐδὲν
ἐπέραινεν, ἀναστήσας τὸ στράτευμ[α] προῆγεν
εἰς τὸ πρόσθε⟨ν⟩ πορθῶν καὶ λεηλατῶν τῆ[ς] χώρας τὴν
6 ἀκέραιον. ἀφικόμενος δὲ πάλιν πρὸς Γόρδιον, χω-
30 ρίον ἐπὶ χώματος ᾠκοδομημένον καὶ κατε-
σκευασμένον κα⟨λ⟩ῶς, καὶ καταζεύξας τὸ στ[ρ]άτευμα
περιέμενεν ἕξ ἡμέρας, πρ[ὸ]ς μὲν τοὺς πο[λ]εμίους
προσβολὰς ποιούμενος, τοὺς δὲ στρατιώτας ἐ[πὶ π]ολ-
λοῖς ἀγαθοῖς συνέχων. ἐπειδὴ δὲ βιάσασθαι τὸ χωρί-
35 ον οὐκ ἠδύνατο διὰ τὴν Ῥαθάνου προθυμίαν, ὃς ἐ-
πῆρχεν αὐτοῦ Π⟨έρς⟩ης ὢν τὸ γένος, ἀναστήσας ἦγεν
ἄνω τοὺς στρατιώτας, κελεύοντος τοῦ Σπιθρι-
25. δάτου εἰς Παφλαγονίαν πορεύεσθαι. μετὰ δὲ ταῦτα προάγων τοὺς Πελοποννησίους καὶ τοὺς συμμά-
c. 21 χους π[ρὸς τὰ ὅρια τῆς τε Φρυ]γίας καὶ τῆς Παφλαγον[ί-]
ας ἐκε[ῖ τὸ στράτευμα κατες]τρατοπέδευσε, τὸν δὲ Σπ[ι-]
θριδάτη[ν πρὸς Γύην ἔπεμψε]ν· ὁ δὲ πορευθεὶς καὶ πεί-
2 σας ἐκεῖ[νον ἐπανῆκεν αὐτὸν] ἄγων. Ἀγησίλαος δὲ ποιη-
5 σάμεν[ο]ς [σπονδὰς ἐκ τῆς τῶ]ν Παφλαγόνων ἀπήγα[γε]
διὰ ταχ[έων τὴν στρατιὰν ἐπὶ θ]άλατταν, φοβούμενος μ[ὴ]
χειμῶν[ος τῆς τροφῆς ἐνδέ]ωσι⟨ν⟩. ἐποιεῖτο δὲ τὴν πορε[ί-]
αν οὐκέτ[ι τὴν αὐτὴν ὁδόν, ἥν]περ ἦλθε⟨ν⟩, ἀλλ᾽ἑτέραν, ἡγ[ού-]
μενος διὰ [τοῦ Σαγγαρίου] διεξιο[ῦσιν ἀκο]πωτέρως [ἔ-]
10 σεσθαι τοῖς σ[τρατιώταις. ἀπές]τειλε [δὲ] ..ιτ[..]ρ[.]υ[...]
αὐτῷ Γύης το[- - - ca. 15 - - -]ιτ.. των[......]
ἱππέας μ[ὲν περὶ χιλί]ους, πεζοὺς δὲ πλείου[ς δισχι]λ[ί-]
3 ων. καταγ[αγὼν δὲ τὸ στρ]άτευμα κατὰ Κίον τῆς Μυσίας,
[πρῶ]τον μ[ὲν περιμείν]ας ἡμέρας αὐτοῦ δέκα κακῶς ἐ-
15 ποίε[ι] τοὺς Μυσο[ὺς πάλ]ιν ἀνθ᾽ὧν ἐπεβούλευσαν αὐτῷ περὶ τὸν Ὄλυμπον, [ὕσ]τερον δὲ προῆγε τοὺς Ἕλληνας διὰ τῆ[ς]
Φρυγίας τῆς παρ[αθα]λαττιδίου, καὶ προσβαλὼν πρὸς χ[ω-]
ρίον τὸ καλούμ[εν]ον Μιλήτου Τεῖχος, ὡς οὐκ ἠδύνατο
λαβεῖν, ἀπῆγε [το]ὺς στρατιώτας. ποιούμενος δὲ τὴν
20 πορείαν παρὰ τὸν Ῥύνδακον ποταμὸν ἀφ[ι]κνεῖται
π[ρ]ὸς τὴν Δασκυλῖτιν λίμνην, ὑφ᾽ᾗ κεῖται τ[ὸ] Δα⟨σ⟩κύλιο[ν,]
χωρίον ὀχυρὸν σφόδρα καὶ κατεσκευασμ[έ]νον ὑπὸ
βασιλέως, οὗ καὶ τὸν Φαρνάβαζον ἔλεγον ἀ[ρ]γύριον ὅ[σον]

er mit den Truppen erneut auf und marschierte unter
Verwüstung und Plünderung des noch unversehrten Gebietes
weiter.

(6) Schließlich erreichte er wiederum Gordion, einen auf
einem Hügel errichteten, wohlbefestigten Ort. Er ließ sein
Heer ein Lager beziehen und blieb sechs Tage, wobei er
Angriffe auf die Gegner unternahm, die Soldaten aber durch
reichliche und gute Versorgung zusammenhielt. Als der Ort
aber wegen der Entschlossenheit seines Kommandanten
Rhatanes, eines gebürtigen Persers, nicht erobert werden
konnte, brach Agesilaos wieder auf und führte seine
Soldaten weiter ins Landesinnere, denn Spithridates
drängte, nach Paphlagonien zu marschieren.

25. (1) Dann führte Agesilaos die Peloponnesier und die
Verbündeten in

Sp. 21　die Grenzgebiete von Phrygien und Paphlagonien, ließ dort
seine Truppen lagern und schickte den Spithridates zu
Gyes. Der machte sich auf den Weg, konnte jenen gewinnen
und kehrte mit ihm zurück.

(2) Agesilaos schloß mit Gyes ein Abkommen und führte
daraufhin sein Heer möglichst schnell aus Paphlagonien ans
Meer, in der Furcht, im Winter könne es an Lebensmitteln
fehlen. Er marschierte aber nicht auf demselben Weg, auf
dem er gekommen war, sondern nahm einen anderen; denn
er meinte, durch [das Tal des Sangarios] zu ziehen werde
für seine Soldaten [weniger mühsam] sein. Gyes schickte
[- - -] ihm [- - -] aber [etwa tausend] Reiter und mehr als
2000 Fußsoldaten.

(3) Als Agesilaos sein Heer nach Kios in Mysien
hinuntergeführt hatte, blieb er zunächst zehn Tage dort und
verheerte die Mysier erneut wegen der ihm gegenüber
gezeigten Haltung am Olympos. Dann führte er die
Griechen weiter durch das am Meer gelegene Phrygien;
doch als er die Ortschaft mit Namen Miletou Teichos
angriff, aber nicht einnehmen konnte, zog er mit seinen
Soldaten weiter. Während er an dem Fluß Rhyndakos
entlang marschierte, kam er an den See Daskylitis, an dem
Daskyleion liegt, eine sehr starke und vom Großkönig
befestigte Ortschaft, wo auch Pharnabazos, wie man sagte,

4 ἦν αὐτῷ καὶ χρυcίον ἀποτίθεcθαι. κατεcτρατοπ[ε-]
25 δευκὼc δὲ τοὺc cτρατιώταc ἐκεῖθι μετεπέμπετο Πά[γ-]
καλον, ὃc ἐπιβάτηc τῷ ναυάρχῳ Χειρικράτει πεπλευκὼ[c]
ἐπεμελεῖτο τοῦ Ἑλληcπόντου πέντε τριήρειc ἔχων.
[παραγ]ενομένου δὲ τοῦ Παγκάλου διὰ ταχέων καὶ
[ταῖc τρ]ι[ή]ρεcιν εἰcπλεύcαντοc εἰc τὴν λίμνην, ἐκεῖ-
30 [νον μὲν] ἐκέλευcεν ὁ Ἀγηcίλαοc ἐνθέμενον ὅcα τῶν
[διηρπαcμ]ένων ἦ⟨ν⟩ πλείονοc ἄξια διαγαγεῖν εἰc τ[.]ọ . [.]
[. . . . περ]ὶ Κύζικον, ὅπωc {αν} ἀπ᾿αὐτῶν μιcθὸc τῷ [c]τ[ρα-]
[τεύματι] γένοιτο. τοὺc δὲ cτρατιώταc τοὺc ἀπὸ τῆc Μ[υ]cία[c ἀ-]
[πέλυcε πρ]οcτάξαc αὐτοῖc ἥκειν εἰc τὸ ἔαρ, παρα[cκ]ευα-
35 [ζόμενοc τ]ὸν ἐπιόντα χειμῶνα βαδίζειν εἰc Καππα-
[δοκίαν, ἀκού]ων ταύτην τὴν χώραν διατείνειν ὥc-
[περ ταινία]ν cτενὴν ἀρξα[μ]ένην ἀπὸ τῆc Ποντικῆc
[θαλάττηc μ]έχρι Κιλικίαc κ[αὶ] Φοινίκηc, καὶ τ[ὸ] μῆκοc
[αὐτῆc εἶν]αι τοcοῦτο[ν ὥc]τε τοὺc ἐκ Cινώπ[η]c βαδί-
c. 22 [ζονταc ἐντὸc πέντε ἡμέρων εἰc Cόλουc πορεύεcθαι - - -]

   57 weitere Fragmente lassen sich nicht sicher einordnen und sind auch in sich wenig aussagekräftig.

sein ganzes Silber und Gold hinterlegt haben solle.

(4) Hier ließ Agesilaos seine Soldaten ein Lager aufschlagen und den Pankalos zu sich kommen, der als Epibates dem Nauarchos Cheirikrates gedient hatte und nun mit fünf Trieren den Hellespont überwachte. Als Pankalos so schnell wie möglich kam und mit seinen Trieren in den See einfuhr, befahl ihm Agesilaos, alles was an Beutestücken größeren Wert besaß, an Bord zu nehmen und nach [...] Kyzikos zu schaffen, damit daraus Sold für das Heer werde. Die Soldaten aus Mysien entließ er und befahl ihnen, im Frühling wiederzukommen. Er rüstete sich nämlich schon im folgenden Winter für einen Einfall in Kappadokien, weil er hörte, daß dieses Land sich wie ein schmales Band vom Pontischen Meer bis Kilikien und Phönikien erstrecke und seine Länge so groß sei, daß man zu Fuß von Sinope gehend

Sp. 22 [in fünf Tagen bis Soloi gehen - - -]

Die Nummerierung folgt der Ausgabe von Chambers 1993; in Klammern ist diejenige von Bartoletti 1959 hinzugesetzt.

1—3. Kairener Fragmente.

DIE SCHLACHT BEI EPHESOS (410).

Die Fragmente beschreiben die athenische Expedition unter Thrasyllos gegen Ephesos; vgl. Xen.Hell. 1.2.6—11; D.S. 13.64.1; Bleckmann 1998, S. 149—162. Das Problem der Datierung dieser Ereignisse (Sommer 410, 409 oder 408) bespricht Bleckmann S. 272—293 und kommt zu einer Datierung in das Jahr 410. P setzte Thukydides fort, dessen Werk im Jahr 411 abbricht; die Kairener Fragmente stehen also weit am Anfang der Hell.Oxy.

Zur Textgestalt vgl. neben Koenen 1976 auch Lehmann 1977.

1.(-)

Die Ergänzungen des Anfangs (bis Z. 3) wurden von Koenen 1976 S. 73 vorgeschlagen, von Chambers jedoch nicht übernommen.

Ephesos war athenischer Bundesgenosse; im Jahr 415/4 zahlte die Polis Tribut (IG I³ 290, Z. 26), und im selben Jahr war möglicherweise ein attischer Strategos dort stationiert (IG I³ 370, Z. 78f.) Wohl 413/2 ist die Stadt allerdings abgefallen und auf spartanische Seite gewechselt (vgl. zuletzt B. Bleckmann, Sparta und seine Freunde im Dekeleischen Krieg, ZPE 96, 1993, 297—308, bes. S. 304—306).

1. *Die Ephesia*: Die Landschaft um Ephesos. Die heutige Küstenlinie ist gegenüber der antiken um über 5 km hinausgeschoben; im 5. Jh. v.Chr. lag die Stadt direkt an der Küste, vgl. Müller 1997, S. 454—475 sowie die Karte bei F. Hueber, Ephesos. Gebaute Geschichte (Zaberns Bildbände zur Archäologie), Mainz 1997, S. 6 Abb. 2. Die Athener landeten an dem Koressos genannten Hafen unterhalb des gleichnamigen Hügels, am südwestlichen Rand der Stadt, vgl. Müller S. 461—463 u. H. Engelmann, Der Koressos, ein ephesisches Stadtviertel, ZPE 115, 1997, 131—135.— *einzunehmen*: eine Ergänzung von Koenen, von Chambers nicht übernommen.— *Lakedaimonier*: weder Xenophon noch Diodor erwähnen die Anwesenheit eines spartanischen Kontingents; dagegen ist bei Xenophon die Beteiligung des Satrapen Tissaphernes hervorgehoben.—

Pasion: anderweitig nicht bekannt; D.M. Lewis, Sparta and Persia (Cincinnati Classical Studies NS 1), Leiden 1977, S. 1 A. 1 vermutet, es handle sich um eine Verschreibung; gemeint sei der Athener Pasiphon, der 409 wohl als Strategos auf Samos war (IG I^3 375, Z. 35). McKechnie/Kern 1988, S. 118 sind ihm darin gefolgt, auch Chambers 1993 hat den Text entsprechend geändert (doch vgl. die Einwände von Kloss 1996 S. 35); dagegen entscheidet sich Develin 1989, S. 165f.—
Thrasyllos: als einer der zehn athenischen Strategen in den Jahren 410/09 und 409/8 (Devellin 1989 S. 165 u. 169) kommandierte er die Operation (Diodor verwechselt ihn mit Thrasybulos und erwähnt keine weiteren Befehlshaber).— *Kilbische Ebene*: eine Textergänzung von Koenen 1976, S. 57f. (von Chambers abgelehnt). Die bei Strabo (13.4.13) *Kilbianon pedion* genannte Ebene liegt am Oberlauf des Kaystros (h. Küçük Menderes) nordöstlich von Ephesos (etwa in der Gegend des heutigen Ortes Ödemiş). Die Bezeichnung ›*Kilbion* (statt *Kilbianon*) *pedion*‹ ist unproblematisch, wie der Name des nahen Gebirges, ›*Kilbion oros*‹ beweist. Wie weit die Ebene sich nach Westen erstreckte, ist unbekannt, und entsprechend bleibt unklar, wie weit von Ephesos entfernt die Kilbianoi siedelten. McKechnie/Kern 1988, S. 119 haben in den Kilbianoi eines der Kontingente des Tissaphernes (dessen Beteiligung P und Diodor übergehen) erkennen wollen.

2. Das Schlachtgeschehen weicht von der Schilderung bei Xenophon deutlich ab, bei dem die beiden athenischen Truppenteile getrennt angreifen und nacheinander geschlagen werden. P bietet scheinbar genauere Angaben, so die Namen der Kommandeure, und ein dramatischeres Schlachtgeschehen mit der Vereinigung der athenischen Truppen, einem anfänglichen Einbruch in die Stadtmauern und einer abschließenden Feldschlacht. Allerdings erwähnt Xenophon, daß nach der Schlacht *zwei* Siegesmale von den Ephesiern aufgestellt wurden, was für eine genauere Kenntnis der Örtlichkeiten sprechen und seiner Schilderung der Ereignisse zusätzliches Gewicht verleihen könnte.—
Timarchos und Possikrates: über die beiden ephesischen Kommandeure ist ansonsten nichts bekannt; ein Timarch(os ?) begegnet auf einer ephesischen Münzen der Zeit zwischen 415—394 (B.V. Head, Catalogue of the Greek Coins of Ionia, London 1892, S. 49 Ephesos Nr. 16).

Der Anschluß von **F 2** ist unsicher; Koenen nimmt eine Lücke von ca.
5 Zeilen an, während Chambers das Fragment direkt an **F 1** anschließen
läßt.

2. (-)

1. *befestigte Dörfer*: Befestigungen von Dörfern sind, zumal in
Kleinasien, auch ansonsten bezeugt; vgl. Ch. Schuler, Ländliche
Siedlungen und Gemeinden im hellenistischen und römischen Kleinasien, München 1998, S. 27—29 (zu der hier gewählte Bezeichnung vgl.
ebd. S. 49—53).— *die Leichtbewaffneten*: verschiedene Truppen (oft nicht-
griechischer Herkunft), die mit geringerer Panzerung und meist mit
Speeren, Schleudern oder als Bogenschützen kämpfen.— *[aus dem unwegsamen Gebiet]*: eine Ergänzung von Wankel, bei Chambers
übernommen.— *[die Schlachtordnung]*: eine Ergänzung von Lehmann
1977, bei Chambers nicht übernommen.

2. *[viele]*: Eine Ergänzung von Lehmann 1977.

3. (-)

*Syraku*s: schon im sog. Archidamischen Krieg stand Syrakus auf der
Seite der Spartaner. Die Rolle der Syrakusaner während des Dekeleischen Krieges scheint P besonders betont zu haben, und Diodor hat
diese Wertung (im Gegensatz zu Xenophon, bei dem die sizilischen
Städte keine größere Rolle spielen) übernommen (vgl. Bleckmann 1998,
S. 238f.).— *Hipparchos*: in Athen einer der (üblicherweise zwei) Befehlshaber der Reiterei; in anderem Zusammenhang allg. »Kavalleriekom-
mandeur«.

4.—8. Florentiner Fragmente.

Wie groß die Lücke zwischen den Kairener und den Florentiner Fragmenten ist, ist umstritten; während Koenen 1976, S. 55f. und Lehmann
1977, S. 184 einen geringen Abstand angenommen haben, vermutet
Bleckmann 1998, S. 287 A. 69 eine größere Lücke, weil P zwischen der in
den Kairener Fragmenten überlieferten Schlacht von Ephesos und dem
in den Florentiner Fragmenten beschriebenen Gefecht bei Kerata ebenso
wie Diodor noch die athenischen Operationen in der Ägäis und die
spartanische Rückeroberung von Pylos (D.S. 13.64.2—4; 5—7) berichtet
haben müsse. Auf diesen spartanischen Sieg, der Pylos nach 15 Jahren
wieder unter die Kontrolle der Peloponnesier brachte, spielt auch Hell.

Oxy 4.2 an (s.u.). Nach den Ergebnissen von Rebuffat 1993 dürften die Florentiner Fragmente aus dem zweiten Buch der Hell.Oxy. stammen.

Die Anordnung der Fragmente B und C (Kap. 6. u. 7f.) ist unsicher; die hier zugrundegelegte Anordnung der Ausgabe von Chambers 1993 folgt Fuks 1951. Bruce 1967, S. 33—49 und McKechnie/Kern 1988, bes. S. 130, lassen die Frage offen und folgen der Nummerierung von Bartoletti 1959.

4. (1.) DIE SCHLACHT BEI DEN KERATAHÜGELN.

Vgl. DS 13.65.1—2. Bleckmann S. 238f.

Die entsprechende Schilderung bei Diodor sichert die Identifikation dieser bei Xenophon nicht überlieferten Episode. Die Kerata (›Hörner‹) - Hügel liegen an der Grenze zwischen Attika und Megara (Str. 9.1.11; vgl. die Karte in DNP II (1997) Sp. 241f.). Dessen Hafenort Nisaia hatten die Athener 424 besetzt (Thuk. 4.67—69, D.S. 12.66); nach Diodor (12.67) eroberten die Spartaner Nisaia sofort wieder zurück, und die Athener besetzten es 417 erneut (D.S. 12.80.5), aber dieser zusätzlichen Verwicklung widerspricht der Bericht des Thukydides (5.17). Nach einer Rückeroberung durch die Megarer entsandten die Athener 1000 Fußsoldaten und 400 Reiter. Diodor überliefert die Befreiung von Nisaia und die ihr folgende Schlacht unter den Ereignissen des Jahres 409/8, doch Xenophon (Hell. 1.1.36) setzt die Befreiung des Hafens von Megara schon für das Jahr 410 voraus. Trotz des athenischen Sieges wurde Nisaia nicht wieder von den Athenern besetzt.

1. *vierhundert [megarische Reiter - - -]*: Erg. von Bartoletti 1959 (vgl. DS 13.65.1); von Chambers 1993 nicht übernommen, aber sehr wahrscheinlich. Bruce 1967, S. 29 weist darauf hin, daß die Angabe der Truppenstärke auffälligerweise (und anders als bei Diodor) am Ende der Schlachtbeschreibung zu stehen scheint.— *die Lakedaimonier*: McKechnie/Kern 1988, S. 117 vermuten aufgrund der geringen Gefallenenzahl hier ebenso wie in Kap. 1 (Schlacht bei Ephesos), daß es sich um ein ›token detachment‹ gehandelt habe. Die Zahl der Gefallenen ist als Argument allerdings nicht hinreichend. Von einem aus Dekeleia entsandten Kontingent geht Bonamente 1973, S. 175 A. 1 aus.

2. Die Reaktion der Athener wird in der etwas anders aufgebauten Darstellung Diodors übergangen und ist auch ansonsten nicht überliefert. Auf die sprachliche Nähe der Formulierung zu Diodors Schilderung

der Lage nach der Schlacht bei den Arginusen hat Bleckmann 1998, S. 65
A. 88 hingewiesen; auch inhaltlich scheint eine Rückprojektion vorzu-
liegen (ähnlich Bleckmann S. 547f.): das Gefecht war kaum riskant, und
bei Entsendung der Truppen auch voraussehbar.— *[seit dem Kampf] um
Py[los ...]*: die Stelle ist stark beschädigt, und nur Chambers gibt das *y*
von *Pylos* als lesbar an; alle anderen Herausgeber konnten nur ein *P*
erkennen. Die spartanische Rückeroberung der Insel Sphakteria vor
Pylos im Westen der Peloponnes im Winter 410/09 beraubte die Athener
eines wichtigen Stützpunktes; dessen Eroberung im Jahr 425 hatte einen
der wichtigsten athenischen Erfolge im Archidamischen Krieg bedeutet.

5. (2.) Kratesippidas auf Chios?

Die zweite Spalte von Fragment A ist stark zerstört; wenn D.S.
13.65.3—4 sich wie der vorangegangene Abschnitt 1—2 eng an die
Vorlage der Hell. Oxy anlehnt, dann wurde hier vermutlich die Auseinandersetzungen auf Chios im Jahr 409 geschildert, bei denen der
Spartaner Kratesippidas Verbannte auf die Insel zurückführte (D.S.
13.65.3). Bei dieser Gelegenheit hat P anscheinend in einem Exkurs das
spartanische Eingreifen auf Chios im Jahr 412 als Vergleich angeführt
(vgl. Bleckmann 1998, S. 202—216). Es begegnen die Namen des Histo-
rikers Thukydides und des Pedaritos, der 412 das spartanische Kontingent auf Chios befehligt hatte (Thuk. 8.28.5, Theopomp FGrHist 115 F
8); in dem Exkurs wird also ausdrücklich der Historiker zitiert, als
dessen Fortsetzer P schreibt..

Rebuffat 1993, S. 117—119 hat darauf hingewiesen, daß die betref-
fende Stelle wahrscheinlich im zweiten Buch der Hell.Oxy. stand. Auch
bei Theopomp stand der Rückblick auf Pedaritos im zweiten Buch seiner
Hellenika.

erbitterten Schlacht: Eine Ergänzung von Schindel 1968, die Chambers
übernommen hat.

6. (5.) Undatierte Ereignisse während einer Belagerung (Chios? Byzanz?)

Zur unsicheren Einordnung des Fragmentes, das Kap. 6. trägt
(Chambers Fragment C = Bartoletti Fragment B), vgl. Bruce 1967, S. 45f.
Für beide Beteiligte wurde jeweils vorgeschlagen, ihre Erwähnung als
Name (Myndos [sonst nicht belegt] od. Mynd⟨i⟩os, Athenaios) oder als

Herkunftsbezeichnung (der Mynd⟨i⟩er, der Athener) zu lesen. Aus der
Episode wird deutlich, daß die belagerte Stadt ein Heiligtum von Demeter und Kore in der Nähe der Stadtmauern gehabt haben muß; wenn in
der Lücke nach »*der Mauern* [...]« der Name der Stadt stand, kann er nur
wenige Buchstaben lang gewesen sein. Vorgeschlagen wurden die
Belagerungen von Chios oder Selymbria, Thasos oder Byzanz während
des Dekeleischen Krieges sowie (unwahrscheinlich) jene von Megara 424
(vgl. Bruce 1964, der die verschiedenen Positionen ausführlich bespricht
und Byzanz zuneigt). Die Erwähnung von Verbannten in 6.1 entscheidet
die Frage nicht; auch die Nennung eines Heiligtums von Demeter und
Kore ist wohl kein Beweis für Byzanz, wie Fuks 1951 und zuletzt W.
Luppe, Das Demeter- und Kore-Heiligtum in den Hellenica Oxyrhynchia, ZPE 119, 1997, 20 gemeint haben.

2. *Bei ihm nämlich*: Bruce 1967, S. 46f. vermutet in der Lücke den
Namen des attischen Feldherren; die Kürze der Lücke macht das aber
unwahrscheinlich.— *zur verabredeten Zeit*: Die Ergänzung der Stelle ist
strittig, der hier wiedergegebene Text folgt einem Vorschlag von Kloss
1996, S. 33f.. — *ließ dieser über die Mauer*: Gigante 1949, S. lxxiv nimmt an,
daß es sich hier um eine dritte Person handelt.

7. (3.) Vorbereitungen auf die Schlacht bei Notion.

Vgl. Bruce 1967, S. 33f. Die erste Spalte dieses Fragmentes ist stark
zerstört. Aufgrund der entsprechenden Darstellung bei D.S. 13.71.1 darf
man allerdings erwarten, daß auch in den Hell.Oxy. der Darstellung der
Schlacht bei Notion (Kap. 8.) eine Schilderung der Vorgeschichte und
jener Fahrt des Alkibiades vorangestellt war, auf der dieser mit einer
Flottille von Truppentransportern Klazomenai entsetzen wollte. (vgl.
zuletzt Bleckmann 1998, S. 172; Xenophon, Hell. 1.5.11 berichtet hingegen, Alkibiades sei zu Thrasybulos nach Phokaia gesegelt) Der Name der
Stadt Klazomenai ist im erhaltenen Text noch zu lesen. Weniger wahrscheinlich ist die Annahme von Gigante 1949, S. lxviii, die Nennung von
»Inseln« verweise auf den Feldzug des Alkibiades gegen Kos und
Rhodos (D.S. 13.69.5). Ob der erwähnte König mit dem persischen Großkönig zu identifizieren ist, ist unsicher.

8. (4.) DIE SCHLACHT BEI NOTION (407/6 V.CHR.).

Vgl. D.S. 13.71.2—4; Xen. Hell. 1.5.12—14.

Bruce 1967, S. 35—45; zur Datierung (Herbst 407/Frühjahr 406) S. 38f.; Bleckmann 1998, 162—180. Zu Notion vgl. Müller 1997, S. 648—653. Die ursprünglich selbständige Polis war im 5. Jh. zum Hafenort von Kolophon herabgesunken; zu Beginn des Peloponnesischen Krieges fiel Kolophon nach inneren Konflikten an die Perser, doch in Notion konnte ein athenisches Truppenkontingent die Gründung einer athentreuen Polis (Thuk. 3.34) durchsetzen. Um 300 v.Chr. wurde Kolophon zerstört, und Notion führte nun dessen Namen. Zu Ephesos vgl. o. S. 97.

Im Frühjahr 407 war Lysander mit seiner Flotte (90 Schiffe lt. Xen. Hell. 1.5.10; weit über 70 lt. D.S. 13.70.2) in Ephesos angekommen. Die Athener bezogen daraufhin unter dem Kommando des Alkibiades ein Lager im dem nordwestlich etwa 10 km entfernten Notion (D.S. 13.71.1). In Abwesenheit des Alkibiades und gegen seinen ausdrücklichen Befehl forderte dessen Steuermann Antiochos die Spartaner zu einer Seeschlacht heraus, bei der die Athener unterlagen und Antiochos mit seinem Schiff unterging. Alkibiades, der nach seiner Rückkehr Lysander wiederholt zu einer zweiten Schlacht herausforderte, mußte nach dessen Weigerung abziehen. Er verlor kurz darauf wegen der Niederlage bei Notion sein Kommando.

Der erhaltene Bericht der Hell.Oxy. setzt an dem Moment ein, an dem Antiochos ein Gefecht mit den Schiffen des Lysander provoziert. Die Berichte Xenophons und der Hell.Oxy. stehen sich hier weit näher als an den meisten anderen Stellen, und es ist zweifelhaft, ob die moralisierende Behauptung Diodors, Antiochos habe aus Ruhmsucht gegen den Befehl des Alkibiades gehandelt, schon in den Hell.Oxy. stand. Bleckmann vermutet, die Ausfahrt des Antiochos habe gar keine Schlacht beabsichtigt, sondern allein der Aufklärung dienen sollen. Allerdings hätte Antiochos sich auch in diesem Fall dem ausdrücklichen Befehl des Alkibiades, *nicht gegen die Feinde zu segeln*, widersetzt.

1. Die Lesung des beschädigten Anfangs ist umstritten. Die unsicheren Ergänzungen des weiteren Textes lassen zwei Fragen offen. Wenn Antiochos bei seiner Abfahrt mit zehn Schiffen den übrigen den Befehl gab, sich bereitzuhalten, ist schwer zu erklären, warum diese dann im weiteren Verlauf der Schlacht völlig unvorbereitet auslaufen (s.u.). Deshalb hat erstmals Detlef Lotze, Lysander und der peloponne-

sische Krieg (Abh. Leipzig 57.1), Berlin 1964, S. 21 f. mit A. 3 und nach anderen zuletzt noch einmal A. Andrewes, Notion and Kyzikos. The sources compared, JHS 102, 1982, 15—25, bes. S. 15—19 eine andere Ergänzung vorgeschlagen: Antiochos sei mit einem oder wenigen (Xenophon berichtet von zwei) Schiffen in den Hafen von Ephesos eingefahren und habe die »übrigen« *seiner zehn Schiffe* angewiesen, sich vor Ephesos bereitzuhalten. Die Mehrheit der Gelehrten ergänzt den Text hingegen so, daß *die in Notion zurückbleibenden* Schiffe angewiesen werden, »sich bereitzuhalten«. Andrewes hat ferner vermutet, daß Antiochos sich bei seiner Operation eine Gewohnheit des Lysander zunutze machen wollte; am Anfang des Textfragmentes (*[der Peloponnesier] wie gewohnt* ...) sei diese Gewohnheit erwähnt, und ihr sei Lysander auch »(wie) zuvor« gefolgt. Dagegen verstehen die meisten Forscher das »zuvor« im Sinn von »zunächst« dahingehend, daß als erstes Antiochos versenkt worden sei, bevor Lysandros die anderen athenischen Schiffe verfolgt habe. Das Problem für beide Seiten liegt in dem Umstand, daß man den Text der Hell.Oxy. einerseits methodisch korrekt im Licht der auf sie zurückgehenden Schilderung Diodors rekonstruieren muß (und nicht auf der Grundlage der abweichenden Darstellung Xenophons), doch andererseits gerade die Schilderung der Schlacht bei Notion von Diodor (oder schon Ephoros) in sinnentstellender Weise gekürzt und überarbeitet worden ist (so berichtet P, Lysander sei zunächst mit nur drei Schiffen ausgelaufen, Diodor aber, er habe sofort seine gesamte Flotte ausgeschickt).

2. *[ließ er gleich] drei [Schiffe ins Wasser ziehen*: der Text ist hier lückenhaft; Crawford (zit. von McKechnie/Kern 1988, S. 65) hat die (weniger wahrscheinliche) Ergänzung *drei[zehn Schiffe* vorgeschlagen; Chambers hat Bartolettis Ergänzung *[gleich - - - ins Wasser ziehen]* nicht übernommen. Auch die Ergänzungen Bartolettis in Z. 14—16 fehlen bei Chambers.

3. *Geschwader von zehn Schiffen*: P benutzt hier das seltene Wort *dekanaia*, dem in Kap. 10.4 der Begriff *pentanaia* (Geschwader von fünf Schiffen) entspricht.— *gingen sie sofort an Bord*: eine Ergänzung von Chambers.— *Hafen von [Kolophon]*: der Name ist ergänzt; zum Verhältnis der beiden Orte s.o.— *und zerstören von ihnen und erobern zweiundzwanzig Schiffe*: verschiedentlich ist vermutet worden, daß der antike Abschreiber vor »und eroberten« etwas ausgelassen haben könnte; das könnte die

Zahl der Gefallenen gewesen sein, und dann wäre statt »zerstören« zu übersetzen: »töten«. Vgl. Bruce 1967, S. 43. Diodor nennt dieselbe Zahl verlorener Schiffe, Xenophon nur fünfzehn.

    4. *kehrten nun ... zurück*: die Zeile ist am Ende lückenhaft; Chambers hat die Ergänzung »nach Ephesos zurück« vorgeschlagen.— *Zwei oder drei Tage*: »zwei oder« ist eine Ergänzung, die Bartoletti 1959 nicht in den Text aufgenommen hat.— *ausgebessert hatten*: die griechische Formulierung könnte die Ausbesserung von Schiffen, aber auch die Erholung verletzter oder erschöpfter Matrosen bedeuten.

9.—25. Londoner Fragmente.

Da links von der ersten Spalte ein 4,5 cm breiter Rand gelassen wurde, die anderen Zwischenräume zwischen den Spalten aber jeweils nur 1,5 cm breit sind, ist davon auszugehen, daß hier eine neue Rolle und ein neues Buch begann. Auch die ersten Worte, *zur selben Zeit*, sind typisch für den Anfang eines neuen Buches.

    Der Text der Londoner Fragmente datiert in Kap. 12.1 die Ereignisse mit der Formulierung *mit Beginn des Sommers aber war das achte Jahr der [spartanischen Vorherrschaft ?] eingetreten* in thukydideischer Manier (zur Erg. vgl. Meyer 1909, S. 63f., Lehmann 1978a S. 1109 A. 5). Die ab Kap. 14 berichteten Ereignisse datieren sicher in das Jahr 395. Da der Umfang der Lücke zwischen Kapitel 12 und 14 nicht sicher ist, wird diskutiert, ob in 12.1 der Jahreswechsel im Sommer 395 oder bereits jener im Sommer 396 gemeint ist, die Lücke also einen weiteren Jahreswechsel und die Fragmente damit den Bericht über drei Kriegsjahre enthalten. Die Datierung der Demainetosaffäre in das Jahr 396 (und damit die erste Annahme eines Berichtszeitraumes 396/5) hat Lehmann 1978a plausibel gemacht, vgl. ferner Schepens 1993 und die einander ergänzenden Beobachtungen am Papyrus von Tuplin 1993, S. 171 und G. B. D'Alessio, *Danni materiali e ricostruzione di rotoli papiracei. Le Elleniche di Ossirinco (POxy 842) e altri esempi*, ZPE 134, 2001, 23—41. (Entsprechend unterscheiden sich die in der Übersetzung aufgeführten Angaben zu den fehlenden Spalten von jenen bei Chambers). Die Frage berührt die Zäsur, mit der P eine neue Epoche beginnen läßt, und zieht deshalb wichtige historiographische Schlußfolgerungen nach sich.

9. (6.) DIE DEMAINETOSAFFAIRE.

Diese Ereignisse wohl des Jahres 396 (dazu s.o.) sind nur aus dem Bericht der Hell.Oxy. und vielleicht einer Andeutung bei Aischines bekannt (s.u.). Der athenische Feldherr Konon war nach der kriegsentscheidenden Niederlage Athens bei Aigospotamoi 405 nicht nach Athen zurückgekehrt, sondern nach Zypern geflohen, und konnte in den folgenden Jahren die Perser von einem Vorgehen gegen die spartanische Hegemonie im Ägäisraum überzeugen. Im Jahr 397 oder 396 wurde eine persische Flotte ausgerüstet und Konon zu deren Nauarchen (Admiral) ernannt; zum Zeitpunkt der Demainetosaffäre hielt er sich in Kaunos auf. Die Schwierigkeiten, vor die er sich dort gestellt sah, sind in Kap. 22f. geschildert; drei Jahre später, in der Schlacht von Knidos (394), konnte Konon Sparta entscheidend schwächen.

1. *Zur selben Zeit*: in der Erzählung der Hell.Oxy. dürfte die Demainetosaffäre in unmittelbarem Anschluß an die Mission des Timokrates erzählt worden sein und diese Formulierung auf jene zurückweisen; allerdings könnte ein solcher Bericht, wie Tuplin 1993, S. 170f. anhand der Papyrusfragmente gezeigt hat, allenfalls sehr knapp gewesen sein. Bleckmann schlägt vor, die Episode sei möglicherweise im Anschluß an 16.2 berichtet worden. — *ihr Herr*: die Stelle ist beschädigt, und die Lesung unsicher; vielleicht könnte hier auch ein Namenszusatz gestanden haben. Wenn die Lesung »ihr Herr« korrekt ist, dürfte Demainetos der Trierarch des Schiffes gewesen sein, also ein wohlhabender Bürger, der Ausrüstung und Unterhaltung des Schiffes finanzierte und zugleich sein Kommandant war (nach dem Frieden von 404 durfte Athen noch 12 Schiffe unterhalten). Zu einer alternativen Erklärung vgl. Lehmann 1978b, S. 75f. A. 5.— *Demainetos*: Athenischer Feldherr und Politiker; die Demainetosaffäre ist das früheste bekannte Ereignis seines Lebens; auf sie wird seit Meyer 1909, S. 42 meist auch die Anspielung bei Aischines 2.78 bezogen. Später war er an der Expedition des Chabrias gegen Ägina und Flottenexpeditionen während des Korinthischen Krieges beteiligt (dazu s.u.).— *heimlich den Rat ... unterrichtet*: innerhalb der 500köpfigen, durch das Los bestimmten Ratsversammlung, waren Geheimverhandlungen nur möglich, wenn es sich um ein innerhalb des Rates unstrittiges Thema handelte, vgl. P.J. Rhodes, The Athenian Boule, Oxford 1972, S. 40—42. P hebt aber die innerattischen Kontroversen (auch innerhalb der ›demokratischen‹ Gruppierungen) hervor. Dieses Dilemma ließe sich

allenfalls beheben, wenn entgegen den Angaben der Hell.Oxy. nicht der Rat, sondern ein kleineres Gremium (etwa die gerade den Vorsitz innehabende Prytanie) informiert worden wäre. Bezeichnenderweise gibt es lediglich ein anderes Beispiel für angebliche Geheimverhandlungen des athenischen Rates in außenpolitischen Angelegenheiten: die bis in die Formulierung hinein ähnliche Schilderung, die Theopomp (FGrHist 115 F 30a) von den Verhandlungen mit Philipp gibt. Sie hat G.E.M. de Ste. Croix, The Alleged Secret Pact between Athens and Philipp II Concerning Amphipolis and Pydna, CQ 13, 1963, 110—119 als ahistorisch erwiesen. Möglicherweise war die Mission nicht so kontrovers, wie P es seine Leser glauben machen will; wenige Monate später wurde der Beschluß zum Kriegseintritt in Athen einstimmig gefaßt (Xen. Hell. 3.5.16).— *einige Bürger*: » einige« ist eine Textverbesserung von Grenfell/ Hunt, die Bartoletti 1959 abgelehnt, Chambers aber übernommen hat..

2. *alle einflußreichen und gebildeten Athener*: P legt hier einen Gegensatz zwischen einer vornehmen Minderheit (Abs. 3: *die gemäßigten und wohlhabenden Athener*), die aus Einsicht urteilt, und der Mehrheit des Volkes zugrunde. Diese einfachen Athener entscheiden sich schließlich in Übereinstimmung mit der Elite gegen eine offene Konfrontation mit Sparta, aber im Gegensatz zu jener tun sie es nicht aus wohlverstandenem Eigeninteresse, sondern aus Angst. Vgl. o. S. 22.— *Krieg mit den Lakedaimoniern*: nach dem Friedensvertrag von 404 wäre das nunmehr unbefestigte Athen gegen Sparta praktisch wehrlos gewesen. Eine Ablehnung der Mission des Demainetos war also wohlbegründet und mußte nicht aus einer spartafreundlichen Haltung herrühren. Die Existenz einer prospartanischen Gruppe im Athen dieser Jahre hat Bruce 1962/3 ausgeschlossen; vgl. ferner Funke 1980, S. 57—70.— *Thrasybulos; Aisimos; Anytos*: Die drei Politiker waren nach 404 prominente Gegner der Herrschaft der 30 gewesen. Besonderes Gewicht hatte Thrasybulos, der bereits im Peloponnesischen Krieg und später, 390/89, auch im Korinthischen Krieg Strategos war (vgl. R.J. Buck, Thrasybulus and the Athenian Democracy. The Life of an Athenian Statesman (Historia Einzelschr. 120), Stuttgart 1998). Die von P gegebene Liste der bedeutenden Politiker Athens im Jahr 396 ist nicht erschöpfend; vgl. Lehmann 1976, S. 278f., Funke 1980, S. 17 A. 3 sowie (zu dem zugrundeliegenden Parteienschema der Hell.Oxy.) o. S. 22.

3. *Milon*: vgl. Poralla 1913, S. 94 Nr. 535. Aischines (2.78) berichtet von einer Seeschlacht, in der Demainetos einen spartanischen Nauarchen (nicht Harmosten!) Chilon besiegte; damit könnte dasselbe Ereignis gemeint sein (so Meyer 1909, S. 42 und Bruce 1967, S. 54).— *Harmosten*: Befehlshaber auswärtiger Garnisonen Spartas, v.a. (und möglicherweise erstmals) seit dem Peloponnesischen Krieg; vgl. L. Thommen, Lakedaimonion Politeia. Die Entstehung der spartanischen Verfassung, Stuttgart 1996, S. 62f.— *Ägina*: Insel im Saronischen Golf gegenüber Athen. Wegen ihrer strategischen Lage nach 404 spartanisch besetzt.— *Schon zuvor*: zu früheren athenischen Kontakten mit dem Großkönig vgl. Funke 1980, S. 63f.

10. (7.) EXKURS: ANTISPARTANISCHE TENDENZEN NACH 404.

1. ...*krates*: nicht identifizierbar, aber wohl nicht mit dem bekannten, weiter unten erwähnten Epikrates identisch.— *Hagnias*: als einziger Teilnehmer noch anderweitig belegt (die Identifikation wird bestritten von S. Humphreys, The Date of Hagnias' Death, CPh 78, 1983, 219—225), vgl. Is. or. 11.8 sowie Harpokration s.v. *Hagnias* (Philochoros FGrHist 328 F 146 = Androtion FGrHist 324 F 18) (APF 2921 IX, Hofstetter 1978, S. 73 Nr. 129).— *Telesegoros*: unbekannt (möglicherweise identisch mit einem Athener gleichen Namens: PA 13512).— *Pharax*: spartanischer Nauarch wohl des Jahres 398/7; vgl. Funke 1980, S. 42 mit A. 51 und die Zusammenstellung der Quellen bei Poralla 1913, S. 123f. Nr. 717).

2. *Epikrates*: athenischer Politiker, der 403 unter den demokratischen Politikern im Piräus begegnet; in den 390er Jahren einflußreich, ist sein Verbleib nach seiner Flucht und Verurteilung zum Tode (in Abwesenheit) 391 ungewiß, vgl. Funke S. 63f.— *Kephalos*: ebenfalls Mitglied der Piräusfraktion 403, hat er 399 den Rhetor Andokides verteidigt (And. 1.115f., 150), damals gemeinsam mit Anytos; vgl. PA 8277. Epikrates und Kephalos nennt Paus. 3.9.8 als die attischen Empfänger des persischen Goldes.— *Timokrates*: im Ggs. zu P, der die Mission des Timokrates auf Pharnabazos zurückführt (unten Abs. 5; so auch Polyain. 1.48.3), steht bei Xen. Hell.3.5.1f. der Nachfolger des Tissaphernes, Tithraustes dahinter, datiert sie also nach der Schlacht von Sardes (ebenso Paus. 3.9.8; offengelassen bei Plut., z.B. Artax. 20.4). Damit verbindet sich die Frage nach deren Datum; für eine Datierung in den Herbst oder Winter 396/5 vgl. Meyer 1909, S. 44—46, Funke 1980, S. 55f. A. 30 (dort auch zu den kon-

kurrierenden Vorschlägen) und zuletzt Tuplin 1993, S. 169f. Gegen die von Xenophon gegebene Datierung spricht, daß das persische Gold nur dann (wie alle Quellen übereinstimmend berichten) die Entscheidung für einen Krieg 395 beeinflussen konnte, wenn Timokrates vor Kriegsausbruch die griechischen Verbündeten aufsuchte, also vor dem Sommer 395 (und also noch von Pharnabazos) entsandt worden war (Hofstetter 1978, S. 185 Nr. 326) Bruce 1967, S. 60 hat das Problem mit der Annahme zweier Timokratesmissionen zu lösen versucht; dieser Weg ist jedoch durch den Umstand versperrt, daß sämtliche Quellen explizit *eine* Mission nennen (s.a. unten zu Kap. 21.1).— *Und doch behaupten einige ... gewesen sind:* so explizit Xen. Hell. 3.5.1f., der allerdings die Athener von dem Vorwurf ausnimmt.— *Die Mächtigen:* Ein Verbesserungsvorschlag von W. Lapini, Hellenica Oxyrhynchia 10.2, in: S. Bianchetti u.a. (Hrsg.), Poikilma. Studi in onore di Michele Cataudella, La Spezia 2002, 631—639.— *Argos:* als traditioneller Antagonist Spartas auf der Peloponnes stand Argos am Ende des Peloponnesischen Krieges auf athenischer Seite. Über die Politik der Argiver in den 390er Jahre ist — außer der Timokratesmission, in deren Zusammenhang Paus. 3.9.8 und Xen. Hell. 3.5.1. den Namen des argivischen Politikers Kylon überliefern — kaum etwas bekannt; vgl. Gehrke 1985, 26—31.— *Boiotien:* s.u. zu Kap. 19—21.— *um aus dem Staatsschatz Nutzen zu ziehen:* denselben Vorwurf erhebt schon Lysias (27.10 gegen Epikrates, vgl. 19.28—30 gegen den in Kap. 18.1 genannten Nikophemos).

3. *Korinth:* die Formulierung *in gleicher Weise* geht auf eine Textverbesserung von Grenfell/Hunt zurück, die von Lapini a.a.O., S. 638f. angefochten wurde. Die von P angebotene Analyse (innenpolitische Zwistigkeiten bedingen das Entstehen einer antispartanischen Fraktion) ist, wie im Fall von Theben und Argos, auch für Korinth unwahrscheinlich, vgl. Funke 1980, S. 53 mit A. 23.— *Timolaos:* interessant ist dieser kleine Exkurs deshalb, weil gerade Timolaos von Xenophon (Hell. 3.5.1; vgl. Paus. 3.9.8) als einer jener Politiker genannt wird, die sich durch die Bestechungssummen des Timokrates auf die Seite der Spartafeinde ziehen ließen. Implizit dürfte dieser Exkurs darauf abzielen, die bei Xenophon überlieferte Version zu desavouieren.— *Dekeleischer Krieg:* P verwendet den auch bei Isokrates (14.31; 8.37) belegten Begriff hier und in Kap. 22.2. vgl. Lehmann 1976, S. 265 A. 1 und jüngst Bleckmann 1998, S. 258—261 zu dem damit verbundenen Anspruch.

4. *Amphipolis*: Stadt in Thrakien, östlich des Strymon (h. Struma), 437 von Hagnon S.d. Nikias gegründet, 424 vom Spartaner Brasidas erobert. Ein athenischer Rückeroberungsversuch 422 blieb erfolglos.— *Simichos*: möglicherweise handelt es sich um ein Ereignis, das auch in den Scholien zu Aischin. 2.31 erwähnt ist. Der Name ist dort allerdings ebenso wie hier korrupt; er ist dort zu *Simichos* verbessert worden, und diese Ergänzung wurde deshalb auch für die Hell.Oxy. anstelle der Verschreibung *Sichios* vorgenommen (K. Fuhr, Zu dem neuen griechischen Historiker, PhW 28, 1908, 156—158, übernommen von Bartoletti 1959, abgelehnt von Chambers). Die Ergänzung wurde von W.E. Thompson, Two Athenian Strategoi, Hesperia 36, 1967, 105—107, S. 106f. bestritten, der die Korrektur *Strombichides* vorschlug, doch vgl. dagegen A.W. Gomme/A. Andrewes/K.J. Dover, A Historical Commentary on Thucydides, Vol. 5, Oxford 1981, S. 158f.— *Wie ich schon an früherer Stelle berichtete*: die verwickelte Geschichte von Thasos im Dekeleischen Krieg macht es schwierig, die berichtete Episode zu datieren. Einen Abfall überliefert Thukydides für das Jahr 411 (8.64 mit dem o.g. Kommentar von Gomme/Andrewes/Dover); wenn er gemeint wäre, würde P noch Ereignisse geschildert haben, die eigentlich nicht in den Zeitraum einer Thukydides*fortsetzung* gehörten. Doch Thukydides erwähnt weder Timolaos noch den athenischen Strategen Simichos; so könnte P einen zweiten Abfall von Athen gemeint haben, an dessen Seite Thasos 410 bereits wieder zurückgekehrt war (Xen. Hell. 1.1.12); diese Lösung hat Bleckmann 1998, S. 216—231 plausibel gemacht.— *Thasos*: zu der Insel in der nördlichen Ägäis vgl. Müller 1986, S. 108—117.

5. *Pharnabazos*: Satrap von Daskyleion; verfolgte während des Peloponnesischen Krieges eine Politik wechselnder Bündnisse mit Sparta (413/2) und Athen (409). Als Satrap für das nördliche Westkleinasien zuständig, während die südlichen Gebiete der Satrap von Sardes, Tissaphernes und seit 395 Tithraustes, verwaltete. Zu Konflikten zwischen diesen Satrapen vgl. unten Kap. 24.1.

11. (8.) DEMAINETOS ÜBERLISTET MILON.

Ob es zu einem Zusammentreffen der beiden kam und wie es ausging, läßt sich nicht sicher sagen; möglicherweise fuhr Demainetos an der Südspitze Attikas zunächst nach Norden, um seinen Verfolger in die

Irre zu führen, und drehte dann nördlich der Insel Helena (h. Makronisos) in südöstlicher Richtung bei.

1. *Thorikos*: Die wichtige Bergbausiedlung an der Südostküste Attikas erhielt während des Dekeleischen Krieges eine kleine Befestigung (vgl. Xen. Hell. 1.2.1; H. Mussche, La forteresse maritime de Thorikos, BCH 85, 1961, 176—205 (zur Datierung vgl. dens., Recent Excavations in Thorikos, AClass 13, 1970, 125—136, S. 127—129).

2. *Po[iessa]*: eine kleine Polis auf der nördlichen Kykladeninsel Keos (ca. 20 km von der Südspitze Attikas entfernt), vgl. Müller 1986, S. 961 (die Ergänzung der Stelle nach W. Judeich, Die Zeit der Friedensrede des Andokides, Philologus 81, 1926, 141—154, S. 148 f. A. 7).— *[während - - - Mil]on*: die Stelle ist, auch von Bartoletti 1959, in unterschiedlicher Weise ergänzt worden; der Text folgt hier Chambers, der auf eine Ergänzung verzichtet.

12. (9.) KÄMPFE VOR (BELAGERUNG VON?) KAUNOS.

1. *Jahreszählung*: Die Stelle ist stark beschädigt, und es sind verschiedene Ergänzungsversuche unternommen worden. Klar ist allerdings, daß der Verf. hier die Zählung der Kriegsjahre imitiert, wie Thukydides sie in seiner Geschichte unternommen hatte. Zum *achten* Jahr s.o. S. 105f.— *(- - -)aros*: die Ergänzung ist völlig unklar; üblicherweise wird ein Personenname vermutet, aber Bartoletti 1959 hat stattdessen das griechische Wort für »Frühling«, *earos*, erwogen (jedoch nicht in den Text aufgenommen).

2. Diodor berichtet (14.79.4—8) eine Belagerung von Kaunos durch den Nauarchen Pharax mit wörtlichen Anklängen (14.79.8) an den Bericht von P, der Pollis als Nauarchen nennt. Diodor scheint Ereignisse aus den Amtsjahren beider Nauarchen unter dem Namen des Pharax zusammengestellt zu haben; vgl. Bruce 1967, S. 73—75, Lehmann 1978a, S. 115—117; dagegen vermutet March 1997, S. 260f. eine Verwechslung des Pharax mit Pollis bei Diodor.— *Pollis*: der Name ist nicht erhalten, doch Pollis wird Kap. 22.1 als Vorgänger des Cheirikrates erwähnt, der ihn Hochsommer dieses Jahres abgelöst habe (Poralla 1913, S. 107 Nr. 621).— *Archelais*: Daß der Vorgänger des Pollis genannt wird, könnte dafür sprechen, daß Pollis hier erstmals erwähnt wird; in diesem Fall wäre für die erste Hälfte seines Amtsjahres (Spätsommer/Herbst 396) keine herausragenden Ereignisse im Seekrieg in der Ägäis berichtet

worden, vgl. Lehmann 1978a, S. 116f..— *Kaunos*: Hafenstadt im östlichen
Karien (h. Dalyan) gegenüber Rhodos in ca. 55 km Entfernung gelegen.
Hier hatte Konon sein Hauptquartier, bevor Rhodos von der spartanischen Seite abfiel.— *der Phöniker [und Kilikier]*: die Städte Phönikiens
stellten im Perserreich gemeinsam mit Kilikien die wichtigsten Flotten-
kontingente: die Bedeutung der beiden Landschaften stellt auch D.S.
14.79.8 heraus (vgl. ferner D.S. 14.39.2—4). Die von dem syrakusanischen
Kaufmann Herodas überbrachte Nachricht von den Rüstungen in
Phoinikien ist bei Xenophon (Hell. 3.4.1) der Anlaß des Agesilaoszuges
(anders D.S. 14.79.1).— *Sidonische Dynast*: Sidon (h. Saida), eine der wichtigsten phönizischen Städte.— *[- - -]aros*: die Ergänzung der Stelle ist
unklar.— *den [sogenannten Fluß] Kaun[ios*: Kaunos ist an einem See
gelegen, den der Fluß Kalbis (Dalyan Çay, von P als *Kaunios* bezeichnet)
mit dem Meer verbindet (Str. 14.2.2)

3. *[- - -]phernes, ein Perser*: die Ergänzung ist unklar. Daß der von
Diodor (14.79.5) in seiner Schilderung der Ereignisse genannte Perser
namens Artaphernes gemeint ist, ist weitaus wahrscheinlicher als die
Identifikation mit dem von P in Kap. 22.3 erwähnten Pasiphernes.

13. (10.)

Von Spalte 3 fehlt mehr als die Hälfte, Spalte 4 fehlt komplett.
Zwischen Spalte 4 und Spalte 5, der ersten von Fragment B, lag vermutlich eine weitere, völlig verlorene Spalte. Der Inhalt läßt sich nicht mehr
bestimmen (vgl. Bruce 1967, S. 76f.).

14. (11.) DIE SCHLACHT VON SARDES.

Den Marsch nach Sardes und die anschließende Schlacht überliefern
Xen.Hell. 3.4.20—24 und D.S. 14.80.1—5 (vgl. ferner Xen. Ages. 1.29—33,
Plut. Ages. 10.1—4, Nepos, Ages. 3.4f.). P widerspricht Xenophon in
wesentlichen Punkten seiner Darstellung. Die grundsätzliche Frage,
welcher der Überlieferungsstränge den Vorzug verdient, ist umstritten
(s. Einleitung). Nach dem Fund der Londoner Fragmente hat sich Dugas
1910 stark auf P gestützt; diese Einschätzung findet sich auch noch bei
Cartledge 1987, S. 215—217; doch vgl. die Rehabilitierung von Xenophon
bei J.K. Anderson, The Battle of Sardis in 395 B.C., CSCA 7, 1974, 27—53;
V.J. Gray, Two different approaches to the Battle of Sardis in 395 B.C.,
CSCA 12, 1979, 183—200 und jüngst J. Dillery, Xenophon and the History

of His Times, London/New York 1995, S. 109—114. Dagegen hat die jüngste Darstellung von P. Debord, L'Asie mineure au IVe siècle (412—323 a.C.). Pouvoirs et jeux politiques (Ausonius 3), Bordeaux 1999, S. 245—251 die jüngere Forschung nur teilweise zur Kenntnis genommen und an der Einschätzung von Dugas festgehalten.

2. *Agesilaos*: Agesilaos hatte den Winter in Ephesos verbracht, vgl. Xen. Hell. 3.4.16 und ein kürzlich gefundenes inschriftliches Zeugnis dieses Aufenthaltes (SEG 30, 1980, 1300).— *Ebene des Kaystros*: nordöstlich des bei Ephesos (h. Selçuk) mündenden Kaystros (h. Küçük Menderes). Die Strecke ist häufig besprochen worden, vgl. zuletzt L. Botha, The Asiatic Campaign of Agesilaus – The Topography of the Route from Ephesus to Sardis, AClass 31, 1988, 71—80 (Bothas Monographie über The Hellenica Oxyrhynchia and the Asiatic campaign of Agesilaus, M.A.-Diss. Pretoria 1980, war mir nicht zugänglich), die beide Versionen harmonisieren und eine Überquerung des Tmolus-Gebirges (heute Boz Daq) über den Paß von Karabel im Westen der Gebirgskette am Sipylos (h. Kemalpaşa Dağı) annehmen will (zu dieser Rekonstruktion vgl. v.a. Anderson, CSCA 7, 1974). Doch während Diodor ausdrücklich einen Marsch zunächst durch das Kaystrostal nach Norden und dann erst am Sipylos in das Hermostal schildert, läßt sich mit der bei Xenophon betonten Eile des Agesilaos eher die kürzere Strecke verbinden, die die Griechen während des Ionischen Aufstandes gewählt hatten: das Kaystrostal hinauf und durch einen weiter östlich gelegenen Paß nach Sardes (Hdt. 5.100).

3. *Tissaphernes*: der persische Satrap von Sardes (vgl. H.D. Westlake, Decline and Fall of Tissaphernes, Historia 30, 1981, 257—279). Erstmals 413 eingesetzt und im Peloponnesischen Krieg Initiator der pers.-spartanischen Zusammenarbeit. Als der jüngere Kyros, zu dessen Gunsten das Territorium des Tissaphernes 407 auf Karien reduziert worden war (dort lag noch 395 der Schwerpunkt seiner Besitzungen, vgl. Xen. Hell. 3.4.12), 401 gegen seien Bruder, den Großkönig Artaxerxes II. zog, stellte Tissaphernes sich gegen ihn und erhielt nach dessen Niederlage bei Kunaxa wieder die Satrapie von Sardes. Zu seinem Ende s.u. zu Kap. 16.1.— *[- - -]tausend [Reitern] und mit nicht weniger als [- - - Fußsoldaten]*: aufgrund der Buchstabenreste müssen Zahlen zwischen 14—19.000 Reitern und ein Vielfaches von 10.000 Fußsoldaten ergänzt werden. Diodor überliefert 10.000 Reiter und 50.000 Fußsoldaten (zu abweichen-

den Truppenstärken bei Diodor und P vgl. Bruce 1967, S. 78f.).—
außerhalb des Karrees: zu dieser Formation (das Wort ist im griechischen
Text nicht vollständig erhalten) vgl. Xenophon, Anab. 3.2.36 mit den
Erklärungen von Lendle 1995, S. 162—164; ferner Anab. 3.4.19—23
(Lendle S. 179—181).— *führte die Pelopon[nesier und ihre Bundesgenossen im
Laufschritt heran*: Ergänzungen von Grenfell/Hunt und Fuhr, die
Bartoletti nur zum Teil, Chambers gar nicht übernommen hat. Xen. Hell.
3.4.2 erwähnt 2000 spartanische und 6000 Soldaten der griechischen
Bundesgenossen; dazu kamen Kontingente der kleinasiatischen Griechen
(Hell. 3.4.11; Ages. 1.14; vgl. Hell. 3.4.15, Ages. 1.24f. zu den Rüstungen
des Winters 396/5). Diodor (14.79.1f.) nennt 6000 spartanische Soldaten
und 4000 in Ephesos angeworbene Söldner.

4. *[fünf?]hundert Leichtbewaffnete*: Bartoletti hat die Zahl ergänzt, weil
sie mit drei Buchstaben in die Lücke paßt; Chambers läßt die Ergänzung
offen (andere Ergänzungen wären nur einen Buchstaben kürzer).— *den
Spartiaten Xenokles*: vgl. D.S. 14.80.2; Xen. Hell. 3.4.20 erwähnt ihn unter
den Neubesetzungen der Kommanden 395, jedoch als Befehlshaber der
Reiterei (allerdings scheint ihm Agesilaos in der Schilderung von P das
Kommando über die Leichtbewaffneten auch ad hoc zu übertragen).—
wenn [- - -] vorbeimarschiere: es ist nicht sicher, ob hier das Vorbei-
marschieren der Feinde (so Kalinka 1927) oder des restlichen Heeres (so
Grenfell/Hunt 1908) gemeint ist; für die zweite Lösung spricht allerdings
der Vergleich mit D.S. 14.80.3 und die Anwendung eines ähnlichen
Strategems in Kap. 24.2. Bartoletti und Chambers lassen die Frage offen.

5. *im Laufschritt vorgehen*: zum (erstmals für die Schlacht von
Marathon bei Herodot 6.112 bezeugten) Angriff im Laufschritt vgl.
Lendle 1995, S. 71.

15. (12.) NACH DER SCHLACHT VON SARDES.

Zu den Ereignissen nach der Schlacht vgl. D.S. 14.80.5, Xen. Hell.
3.4.25f.

1. *Sardes*: die alte lydische Hauptstadt (h. Sart) in der Lydischen Ebene
nördlich des Tmolosgebirges an der persischen Königsstraße; Sitz des
Tissaphernes (D.S. 14.80.2) und eines der wichtigsten Zentren persischer
Herrschaft in Kleinasien.— *Großphrygien*: im Unterschied zu der
›Phrygien am Meer‹ genannten Region. Bei Herodot bezeichnet der
Begriff ›Phrygien‹ allein die Region östlich von Lydien, südlich von

Bithynien und nördlich des Taurosgebirges bis an den Halys (h. Kızıl Irmak), vgl. Müller 1997, S. 191f.; im weiteren Sinne schließt der Begriff aber auch die nordwestlich benachbarte Landschaft bis zum Marmara-meer ein. Später wird jenes Gebiet als ›Phrygien am Meer‹, das zentral-kleinasiatische als ›Großphrygien‹ bezeichnet. Xenophon verwendet den Begriff nicht in den Hellenika, allerdings in An. 1.9.7. In Cyr. 2.1.5. trifft er explizit die Unterscheidung Großphrygien / Phrygien am Hellespont (= am Meer), und Cyr. 4.2.30 wird Phrygien am Hellespont auch als Verwaltungseinheit bezeichnet (vgl. B. Jacobs, Die Satrapienverwaltung im Perserreich zur Zeit Darius' III., Wiesbaden 1994, S. 134f.). Zwei phrygische Verwaltungsbezirke nennt auch Cyr. 6.2.10.

Den Weitermarsch des Agesilaos übergeht Xenophon (vgl. Tuplin 1993, S. 57 f.). Bei ihm folgt auf die Schlacht von Sardes der Bericht über die Entsendung des Tithraustes, der den in Ungnade gefallenen Tissa-phernes enthaupten läßt und mit Agesilaos die Bedingungen eines Abzuges verhandelt; schließlich ziehen die Griechen nach Norden ab (vgl. dazu unten). Dagegen überliefert Diodor (14.80.5) weitreichende Feldzugspläne bis in das persische Kernland, behauptet aber, wegen ungünstiger Vorzeichen habe Agesilaos sofort davon Abstand genom-men (vgl. Plut. Ages. 15.1—3). P läßt Agesilaos seinen Plan eines Feld-zuges in das Innere Kleinasiens beginnen, am Mäander aber wegen ungünstiger Opfer abbrechen und dann den sichereren Weg an die Küste wählen.

3. *Lydische Ebene*: die Ebene um Sardes.— *(erneut)*: Die Erg. ist unsicher; es wurde auch »kampflos« oder »sicher« vorgeschlagen.— *die zwischen Lydien und Phrygien gelegenen Berge*: in der Schilderung der Hell.Oxy. dürfte Agesilaos das Tal des Hermos (h. Gediz) hinauf marschiert sein und die Berge überschritten haben, die diesen vom Mäander trennen (h. Uysal Dağı), so daß er sich nördlich des heutigen Sarayköy befand, als die Entscheidung über den Weitermarsch fiel. Wohl denselben Weg zwischen Sardes und dem Ort Kydrara, zu Zeiten des Kroisos der Grenzort Lydiens nach Phrygien, hatten in die Gegen-richtung der jüngere Kyros (Xen. Anab. 1.2.5) und früher schon Xerxes auf seinem Zug gegen Griechenland (Hdt. 7.30f.) genommen. An dieser Stelle ging auch eine Straße in südwestlicher Richtung nach Karien ab, so daß sich Agesilaos hier die Frage des Weitermarsches stellen mußte.— *Mäander*: h. Büyük Menderes.— *[seine Quellen bei Kelai]nai hat*: Kelainai,

das spätere Apameia (h. Dinar) in Westphrygien an einer wichtigen Straßenkreuzung, vgl. Müller 1997, S. 130—147. Zahlreiche antike Autoren erwähnen die Quellen des Mäander bei Kelainai (Hdt. 7.26, Xen.An. 1.2.7, Str. 12.8.15). Der Papyrus ist an dieser Stelle beschädigt; ob auch hier die Quellen genannt waren, ist unsicher. Chambers hat die auf Lipsius zurückgehende Ergänzung nicht übernommen, U. Wilcken, Ein Theopompfragment in den neuen Hellenika, Hermes 43, 1908, 475—477 unter Verweis auf Str. 13.4.12 eine andere Ergänzung vorgeschlagen.— *Priene*: ionische Stadt (h. Turunçlar) ca. 30 km südlich von Ephesos, 15 km nördlich von Milet am Südhang des Gebirges Mykale (h. Samsun Dağı).

4. *Opfer*: zu den Opfern vor einer Schlacht oder der Überquerung einer wichtigen Grenze s. H. Popp, Die Einwirkung von Vorzeichen, Opfern und Festen auf die Kriegführung der Griechen im 5. und 4. Jahrhundert v.Chr., Diss. Erlangen 1957, S. 47—51 sowie M.H. Jameson, Sacrifice before Battle, in: V.D. Hanson (Hrsg.), Hoplites. The Classical Greek Battle Experience, London/New York 1991, 197—227 gegen die Erklärung von W. Kendrick Pritchett, The Greek State at War, Part 1, Berkeley/Los Angeles/London 1971, S. 109—115.— *führte sein Heer dann*: die Marschrichtung bleibt durch die Lücke im Text unsicher, aber die folgende Erwähnung der Mäanderebene macht klar, daß P den Agesilaos den Mäander hinab ziehen läßt (Kalinka 1927, Gigante 1949 und zuletzt Bruce 1967, S. 88 haben verschiedene Ergänzungen in dieser Richtung vorgeschlagen).— *Lyder und (Myser, Karer und Ionier)*: der Text ist hier beschädigt; die Völkernamen (und einen Hinweis auf das Mesogis-Gebirge in der vorangehenden Lücke) hat U. Wilcken a.a.O. mit Hinweis auf Str. 13.4.12 ergänzt (übernommen bei Chambers, Bartoletti 1959 läßt die Frage offen) und hinter der Strabostelle ein Theopompzitat vermutet.

16. (13) Das Ende des Tissaphernes und der Weitermarsch des Agesilaos (?)

An die Schlacht von Sardes schließt bei Xenophon der Bericht über die Hinrichtung des Tissaphernes an (Xen. 3.4.25, D.S. 14.80.6—8, Polyain. 7.16.1). Dabei kam auch dem Ariaios eine wichtige Rolle zu; hinter dem lückenhaften Text der Hell.Oxy. darf man die entsprechende Schilderung vermuten; wie sie aussah, bleibt auch deshalb unsicher, wie die wohl auf P zurückgehende Version Polyains und jene Diodors sich untereinander stark unterscheiden; vermutlich ist Polyain näher an P. Außerdem ist hier eine Beschreibung der weiteren Marschroute des Agesilaos anzunehmen, wie aus der Nennung von Magnesia zu erschließen ist.

Bei der Wiederherstellung des an dieser Stelle stark beschädigten Papyrus ist die Anordnung von zwei Fragmenten unsicher. Diese sind im Text kursiv wiedergegeben.

1. *Artaxerxes*: A. II. Mnemon, Großkönig 405/4 — 359; bei Xenophon und Diodor geht die Entscheidung zur Hinrichtung des Tissaphernes direkt auf den Großkönig zurück, der lt. Diodor von seiner Mutter Parysatis beeinflußt war. Deren Name könnte sich, wie Grenfell/Hunt 1909 erwogen haben, hinter den in einer zwei Zeilen langen Lücke stehenden Buchstabenresten *]a Par[* nach der Erwähnung des Artaxerxes verbergen. — *Me[...]aios*: unsicher gelesener Name, vielleicht auch *Mu[...]aios*. — *Tithraustes*: die Episode ist die früheste bekannte aus dem Leben dieses persischen Adligen, der später als Offizier in Ägypten tätig war. — *Ariaios*: pers. Aristokrat und Teilnehmer der Schlacht bei Kunaxa auf Seiten des jüngeren Kyros, später Gefolgsmann des Tissaphernes (vgl. Kap. 22.3). — *[Magnesia]*: die wenigen erhaltenen Buchstaben machen eine Ergänzung des Namens von Magnesia am Mäander (h. Tekke) wahrscheinlich. Die Stadt wurde von dem spartanischen Feldherrn Thibron (wahrscheinlich im Jahr 400) von der Mäanderebene an den Osthang des Berges Thorax (h. Gümüş bzw. Dumuş Dağı) verlegt und befestigt (D.S. 14.36.3).

2. *Mile[s*: vielleicht ein Hinweis auf Milet.

17. (14.)

Die genaue Stellung von Fragment C ist unklar. Insgesamt fehlen vermutlich zwischen 3 und 5 Spalten, ohne daß klar wäre, wieviele vor und wieviele nach Fragment C kamen, dessen Spalten 9 und 10 weitgehend zerstört sind. Sein großer Umfang macht es schwer, den Inhalt dieses Abschnitts zu bestimmen, der von den Ereignissen nach der Schlacht von Sardes zum Umsturz auf Rhodos führt. Ein Exkurs zur Geschichte in Europa ist an dieser Stelle unwahrscheinlich und fehlt auch in der Darstellung Diodors. Meyer 1909, S. 60 vermutet deshalb hinter der Erwähnung Makedoniens in 17.1 einen kurzen Blick auf den Seekrieg des Jahres.

In 17.2 schließt sich die enkomiastische Beschreibung einer Person an, die als Herrscher (*dynasteuon*) bezeichnet wird. Es ist umstritten, ob hier Agesilaos (so Meyer), Kyros oder eine andere Person gemeint ist (vgl. zuletzt Bleckmann 1998 S. 27 A. 25); sollte, was bisher noch nicht erwogen wurde, der kurz zuvor hingerichtete Tissaphernes gemeint sein, so stünde dessen Lob in markantem Gegensatz zu der sehr kritischen Einstellung Xenophons zu dem Satrapen (Hel.. 3.4.11, An. 3.2.4).

18. (15.) DER DEMOKRATISCHE UMSTURZ AUF RHODOS.

Die drei dorischen Poleis der Insel Rhodos, Ialysos, Lindos und Kamiros, waren Mitglieder des Delisch-Attischen Seebundes, bis sie 412/11 auf die spartanische Seite wechselten. Im Jahr 408/7 schlossen sie sich in einem Synoikismos zu einer einzigen Polis zusammen, die den Namen der Insel trug. Nach dem Peloponnesischen Krieg zunächst noch spartafreundlich und eine wichtige Flottenbasis im Krieg gegen Persien, schwenkte Rhodos 396 auf die persische Seite um (D.S. 14.79.6). Die Polis, damals noch eine Oligarchie, wurde von der aus Ialysos stammenden Familie der Diagoreer dominiert, die im Peloponnesischen Krieg spartafreundlich gewesen war. Ein prominentes Mitglied der Familie, Dorieus, bezahlte diesen Gesinnungswandel mit seinem Leben, als er noch 396 in die Hände der Spartaner fiel (Androtion FGrHist 324 F 46). Im folgenden Jahr ereignete sich der Umsturz, den die Hell.Oxy. als einzige Quelle überliefern.

Zu der Episode vgl. P. Funke, Stasis und politischer Umsturz in Rhodos zu Beginn des IV. Jahrhunderts v.Chr., in: W. Eck/H. Galsterer/ H. Wolff (Hrsg.), Studien zur antiken Sozialgeschichte. Festschrift Friedrich Vittinghoff (Kölner Hist. Abh. 28), Köln/Wien 1980, 59—70 sowie H.D. Westlake, Conon and Rhodes, GRBS 24, 1983, 333—344.

1. *die Rhodier ermutigen*: dieses Verständnis der Stelle ist von Bonamente S. 181 A. 1 in Zweifel gezogen worden, der *die Rhodier in Sicherheit wiegen für den Moment, in dem man ans Werk gehen werde* übersetzt.— *Mord an den Amtsträgern*: eine Ergänzung von Bartoletti 1959; Grenfell/Hunt 1908 hatten vorgeschlagen, »Mord an den Diagoreiern« zu lesen.— *Hieronymos*: Offizier Konons (auch später: Xen. Hell. 4.8.8) und athenischer Strategos (Ephoros FGrHist 70 F 73); vgl. PA 7552.— *Nikophemos*: auch Diodor (14.81.4) nennt ihn und Hieronymos die beiden wichtigsten Offiziere Konons. In Athen wurde ihm später persön-

liche Bereicherung während des Krieges vorgeworfen (Lysias 19.35), 389 gemeinsam mit seinem Sohn hingerichtet (PA 11066, Hofstetter 1978, S. 138 Nr. 236).

2. *Diagoreier*: s.o. Funke hat darauf hingewiesen, daß der außenpolitische Schwenk von Rhodos in diesen Jahren von Aristokraten und Demokraten gemeinsam getragen wird; Konon bewerkstelligt den Umsturz, als er in Rhodos längst fest etabliert ist.— *Dorimachos*: der Führer der demokratischen Putschisten ist ansonsten nicht bekannt; nach Funke können Konflikte innerhalb der rhodischen Führungsschicht, vielleicht auch zwischen den drei neu zusammengeschlossenen Poleis den Umsturz möglicherweise besser erklären als eine prinzipielle Frontstellung einer demokratischen gegen eine oligarchische Fraktion. Weitere innenpolitische Unruhen führten in den folgenden Jahren zu wiederholtem Eingreifen Spartas und Athens.

19.—21. ANLASS UND AUSBRUCH DES KORINTHISCHEN KRIEGES.

19. (16.) 2.—4. *Die Verhältnisse…*: Diese Beschreibung ist seit der Entdeckung der Hell.Oxy. als wichtigste Quelle zur Verfassung des Boiotischen Koinon nach seiner Gründung 447/6 und als ausführlichste Schilderung einer solchen Bundesverfassung der klassischen Zeit in einer unüberschaubaren Anzahl von Untersuchungen behandelt worden. Hervorzuheben sind die jüngeren Publikationen von Beck 1997, S. 83—106, bes. S. 90—94, der die älteren Forschungsergebnisse bequem zusammenstellt, Corsten 1999, S. 27—38 sowie jüngst von P. Cartledge, Boiotian Swine F(or)ever ? The Boiotian Superstate 395 BC, in: P. Flensted-Jensen/ Th. Heine Nielsen/L. Rubinstein (Hrsg.), Polis & Politics. Studies in Ancient Greek History Presented to Mogens Herman Hansen on his 60th Birthday, Kopenhagen 2000, 397—418 (mit wohl überzogener Betonung der Eigenständigkeit des boiotischen Modells) und Lehmann 2001, S. 25—33 (mit Hinweis auf die Parallelen zur athenischen Verfassung).

3. *Der Bund der Boioter*: ein Verbesserungsvorschlag von Lehmann 2001, S. 27; der Text lautet »das Boiotische«.— *elf Kreise*: Lehmann S. 26—29 betont, daß hier kein ausgearbeitetes territoriales Gliederungsprinzip mit Kreisen als eigenen Körperschaften, sondern eine abstrakte rechnerische Größe gemeint sei.— *die anderen Ortschaften*: der hier gewählte griech. Begriff, *chorion*, bezeichnet unselbständige Ortschaften unabhängig von ihrer Größe, die möglicherweise eine ursprüngliche

Selbständigkeit an einen größeren Nachbarn verloren hatten (vgl. Ch. Schuler, Ländliche Siedlungen und Gemeinden im hellenistischen und römischen Kleinasien, München 1998, S. 49—53) (so hier und in 20.3). Doch auch eine kleine, aber selbständige Polis wie das phokische Hyampolis (21.5) kann P despektierlich ein *chorion* nennen (der Ort ist selbständig und wird deshalb im selben Satz auch *polis* genannt). Unter den nichtgriechischen Orten Kleinasiens nennt P. hingegen nur einmal Kelainai eine *polis* (15.3, erg.) und spricht ansonsten von *choria* (so 24.5: Leonton kephalai), auch wenn sie — wie der Satrapensitz Daskyleion (25.3) — Hyampolis um ein Mehrfaches an Größe übertroffen haben dürften (vgl. auch 24.6: Gordion; das griechisch geprägte Kaunos heißt hingegen *polis*: 23.5). Zur Rechtstellung der Mitglieder des boiotischen Bundes vgl. die Diskussion in den Beiträgen von A.G. Keen und M.H. Hansen in: ders./K. Raaflaub (Hrsg.), More studies in the ancient Greek Polis (Papers from the Copenhagen Polis Centre 3 = Historia Einzelschr. 108), Stuttgart 1996.

Zu den genannten Orten vgl. die Angaben bei J.M. Fossey, Topography and Population of Ancient Boiotia, Bd. 1, Chicago 1988 sowie Müller 1986. Das südboiotische *Hysiai* ist durch Verwechslung anstelle von *Hyettos* als Nachbarort des nordboiotischen Orchomenos genannt; es hätte in die Liste der bei Plataiai gelegenen Orte gehört. (anders Clifford J. Dull, A Reassessment of the Boiotian Districts, in: John M. Fossey/ Hubert Giroux (Hrsg.), Proceedings of the 3. International Conference on Boiotian Antiquities, Montreal - Quebec, 31.10.1979—4.11.1979 (McGill University Monographs in Classical Archaeology and History 2), Amsterdam 1985, 33—40, S. 34 f.)

4. *und die gemeinsamen Einrichtungen*: im griechischen Text wird ein *kai* (und) von allen Herausgebern als Verschreibung getilgt, so daß der Text dann *die gemeinsamen Versammlungen* lautet. Gegen diese Tilgung und für den auch hier zugrundegelegten Text hat sich erstmals P. Roesch, Études béotiennes, Paris 1982, S. 266f. und zuletzt Corsten 1999, S. 28 A. 1 gewandt.

20. (17.)

Zu den innerthebanischen Auseinandersetzungen vgl. Gehrke 1985, S. 173—175; M. Cook, Ancient political factions. Boiotia 404-395, TAPhA 118, 1988, 57—85.

1. *Ismenias*: der thebanische Politiker hatte bereits unmittelbar nach dem Peloponnesischen Krieg die attischen Demokraten um Thrasybulos gegen die Herrschaft der 30 unterstützt (Justin. 5.9.8) und wurde nach dem prospartanischen Umschwung 382 auf Betreiben des Leontiades zum Tode verurteilt. Dabei warf man ihm unter anderem vor, Gelder des Großkönigs unterschlagen zu haben (Xen. Hell. 5.2.35f.).— *Antitheos*: ansonsten nicht bekannt; Pausanias (3.9.8) nennt an seiner Stelle Amphithemis, Xenophon (Hell. 3.5.1) Galaxidoros als dritten neben Ismenias und Androkleidas.— *Androkle(ida)s*: hier irrig Androkles, ansonsten bei P immer korrekt Androkleidas genannt; tritt hier erstmals in Erscheinung, war aber 395 neben Ismenias der wichtigste antispartanische Politiker Thebens (vgl. Xen. Hell. 3.5.4, 5.2.35). 382 nach Athen geflohen und dort auf Betreiben der prospartanischen Thebaner ermordet.— *Leontiades*: führender spartafreundlicher Politiker Thebens, Anführer des Putsches von 382 (s.o.), 379 in einem antispartanischen Umsturz ermordet (Xen. Hell. 5.4.7).— *As(t)ias*: der Papyrus nennt ihn hier Asias, in Abs. 2 Astias. Er ist ansonsten nicht bekannt und möglicherweise mit dem bei Xen. Hell. 5.4.2 genannten Archias identisch (vgl. Bruce 1967 S. 111).— *Koiratades*: die Lesung des Namens ist unsicher; wahrscheinlich der boiotische Feldherr, der 409 in Byzanz tätig war (Xen. Hell. 1.3.15) und sich später dem jüngeren Kyros anschloß (Xen. Anab. 7.1.33).— *die attischen Demokraten*: s.o. zu Ismenias sowie D.S. 14.32.1.

2. *gerieten auch viele ... in Streit*: eine Textergänzung von Schindel 1968, die Chambers nicht übernommen hat.

3. *Dekeleia*: spartanische Truppen besetzten den zentralattischen Ort 413 (Thuk. 7.19.1f.) und konnten so, anders als in der ersten Hälfte des Peloponnesischen Krieges, Landwirtschaft und Gewerbe außerhalb der Langen Mauern ständig bedrohen (vgl. J. Ober, Fortress Attica. Defense of the Athenian Land Frontier 404-322 B.C. (Mnemosyne Suppl. 84), Leiden/Boston/Köln 1985, S. 56—58).— *Boiotien zu drohen begannen*: das griechische Wort für *drohen* ist ergänzt; ein anderer Vorschlag lautet *mit Angriffen gegen Boiotien begannen*.— *Ortschaften*: P benutzt hier den Begriff *choria* (s.o. zu Kap. 19.3).

5. *wenig unter den vorausgehenden Einfällen der Lakedaimonier gelitten*: gemeint sind die spartanischen Einfälle in der ersten Hälfte des Peloponnesischen Krieges. Die tatsächliche Bedeutung der spartanischen

Besetzung von Dekeleia ist umstritten, vgl. V.D. Hanson, Warfare and
Agriculture in Classical Greece (Biblioteca di studi antichi 40), Pisa 1983,
S. 111—143 sowie zuletzt Bleckmann 1998, S. 249f. A. 157.

Die Textergänzungen am Beginn von Kolumne 14 sind stark umstritten.

21. (18.)

Zum Ausbruch des Korinthischen Krieges vgl. Xen. Hell. 3.5.3f.; D.S.
14.81.1, Paus. 3.9.9—11. Er ist häufig diskutiert worden, vgl. etwa Bruce
1960; S. Perlmann, The Causes and the Outbreak of the Corinthian War,
CQ 14, 1964, 64—81 sowie zuletzt R.J. Buck, Boiotia and the Boiotian
League, 432-371 B.C., Edmonton (Alberta) 1994, S. 35—42, Lehmann
1978a, 1978b.

1. *ein von den Barbaren geschickter Gesandter*: üblicherweise mit Timokrates identifiziert (vgl. o. Kap. 10.2; anders Thomas Lenschau, Die
Sendung des Timokrates und der Ausbruch des Korinthischen Krieges,
PhW 1933, 1325—1328 und Bonamente 1973, S. 114f., die einen
anonymen Gesandten vermuten); Bruce 1967, S. 60 sieht hier einen Hinweis auf eine *zweite* Mission des Timokrates, doch damit wird gänzlich
unklar, weshalb P hier so verklausuliert auf ihn verweist.

2. *Phokis*: die Boiotien westlich benachbarte Landschaft; vgl. zuletzt
Beck 1997, S. 106—115.— *Westlokrer*: die westliche (ozolische) Lokris liegt
im Westen von Phokis. Xenophon (Hell. 3.5.3) berichtet die Episode
ebenfalls, macht aber die Bewohner der *östlichen* (opuntischen) Lokris,
(nordöstlich von Phokis gelegen und Boiotien benachbart) für den
Ausbruch des Krieges verantwortlich (Paus. 3.9.11 nennt ebenfalls die
Westlokrer; G. Busolt, Der neue Historiker und Xenophon, Hermes 43,
1908, 255—285 hat dies S. 277—280 mit einer Verwechslung mit dem
Ereignissen des Heiligen Krieges 56/6 (D.S. 16.24; 16.56) erklärt). Ferner
werden von den Thebanern bei Xenophon die Lokrer aufgestachelt (so
auch Paus.), bei P hingegen die (mit den Boiotern verfeindeten!) Phoker.

3. *Parnassos*: Gebirge nördlich von Delphi. Ob Phokis und Westlokris
im 4. Jh., als Delphi noch unabhängig war, hier eine gemeinsame Grenze
hatten, ist umstritten, vgl. R.J. Buck, Boiotia and the Boiotian league, 432-
371 B.C., Edmonton 1994, S. 32f. Xenophon nennt das umstrittene Gebiet
nicht, im Gegensatz zu der Schilderung bei P erheben bei ihm die Lokrer
Abgaben auf das umstrittene Gebiet und beanspruchen es damit als
eigenes Territorium. Der in Abs. 5 beschriebene boiotische Feldzug führt

in die Kephisosebene im Nordosten der Phokis; das spricht eher für einen vorangegangenen Grenzkonflikt mit den Ost-, nicht mit den Westlokern.

4. *befahlen die Lakedaimonier*: Paus. 3.9.11 führt den Schlichtungsvorschlag auf athenische Initiative zurück.

5. *Parapotamier, Daulier und Phanoter*: zu diesen ostphokischen Orten vgl. J.M. Fossey, The Ancient Topography of Eastern Phokis, Amsterdam 1986, Parapotamioi, S. 69—71 (Parapotamier), 46—49 (Daulier) und 63—67 (Phanoter = Panopeis).— *Pedieis*: ostlokrische Polis im oberen Tal des Kephisos (genaue Lokalisierung unbekannt), vgl. G. Daverio Rocchi, Art. Pedieis, in: DNP IX (2000), 467—468.

22.—23. KONON UND DIE MEUTEREI IN KAUNOS.

22. (19.) KONONS UNTERHANDLUNG MIT TITHRAUSTES.

1. *Konon hingegen*: P beginnt diesen neuen Absatz mit dem Gegensatz »hingegen« (*de*); einer von ihm sehr häufig, hier aber ganz unmotiviert verwendeten Floskel.— *Cheirikrates*: vgl. Porolla 1913, S. 129 Nr. 758. Er ist nur aus den Hell.Oxy. bekannt, und seine Amtszeit ist mit den Angaben Xenophons zur Einsetzung des Peisander (Xen. Hell. 3.4.29) nicht zu vereinbaren. Grenfell/Hunt 1908, Bruce 1967, S. 123 und zuletzt McKechnie/Kern 1988, S. 170f. haben daraus auf eine irrige Chronologie Xenophons geschlossen.— *Nauarch*: Oberkommandierender der spartanischen Flotte, in der Regel für ein Kriegsjahr bestellt, vgl. L. Thommen, Lakedaimonion Politeia. Die Entstehung der spartanischen Verfassung, Stuttgart 1996, S. 103—105.— *Pollis*: s.o. zu Kap. 12.2.

2. *den Sold für viele Monate*: die schlechte Besoldung der Flotte überliefert auch Isokrates 4.142, der von 15 Monaten ohne Zahlung weiß.— *Kyros*: der jüngere Sohn des Großkönigs Dareios II. war 407—405/4 militärischer Oberbefehlshaber der kleinasiatischen Satrapien (Thuk. 2.65.12; Xen. Hell. 1.4.3); 401 versuchte er vergeblich, seinen älteren Bruder Artaxerxes II. vom Thron zu stoßen.

3. Diodor (14.81.4—6) berichtet von einer Reise Konons zum Großkönig, um zusätzliche Mittel zu erlangen; die von P überlieferte Episode kennt er nicht. *Ariaios und Pasiphernes*: zu Ariaios s.o. Kap. 16.1; die Identifikation des Pasiphernes mit dem Kap. 12.3 genannten [- - -]phernes, ein Perser* (vgl.Bruce 1967, S. 76) ist durch nichts zu sichern.

23. (20.) DIE MEUTEREI IN KAUNOS.

1.: *Kyprer*: Die Städte Zyperns standen zu dieser Zeit unter der Herrschaft von Stadtkönigen, unter denen Euagoras von Salamis eine herausragende Bedeutung erlangt hatte. Zypern war anfangs die Basis der Flotte Konons gewesen (D.S.14.39.1f.); im Sommer 397 wurden dann weitere Schiffe in Kilikien ausgerüstet (D.S. 14.39.4) .— *Karpasia*: Stadt im Nordosten von Zypern.— *je (Schiff)*: Die Erg. geht auf Jacoby zurück (gefolgt von Bonamente 1973); Bartoletti 1959 und Chambers ersetzen »je (Hundertschaft)«. Doch die hier genannten Truppen stehen nicht (als Infanteristen) im Gegensatz zu den oben genannten Ruderern und Seesoldaten (Landungstruppen), sondern dürften alle zypriotischen Soldaten im Gegensatz zu den griechischen Truppenteilen umfassen. Zu der Episode vgl. Bruce 1962.

3. *Messenier*: Meyer 1909 S. 76 A. 3 vermutet, daß Konon seit seinem Aufenthalt in Naupaktos 413 (Thuk. 7.31.4) Verbindungen zu den dort angesiedelten Messeniern unterhielt, die nach ihrer Vertreibung 401 teilweise nach Zypern gekommen und später in seine Dienste getreten seien.

4. *Beim Erreichen von [- - -] aber*: Der Name des Ortes und die grammatische Konstruktion des fragmentarischen Satzes sind unsicher. Bartoletti 1959 hat vorgeschlagen, diesen Satz ebenso wie den vorherigen (mit *um zu*) final (als eine nicht verwirklichte Absicht) zu verstehen. Bruce 1962 ist dieser Annahme gefolgt; den zerstörten Ortsnamen ergänzt er (wie schon von Grenfell/Hunt 1908 erwogen und zuletzt von Chambers 1993 in den Text aufgenommen) mit »Salamis«; Bartoletti 1959 läßt die Frage offen.— *die Herrschaft (- - -) zu stürzen*: wieder ist der Text an der entscheidenden Stelle lückenhaft. Seit Grenfell/Hunt 1908 hat die Mehrzahl der Herausgeber »Konons« ergänzt, ohne angeben zu können, welche Akropolis die Söldner hätten stürmen müssen, um dessen (als *Herrschaft* jedoch ungenügend beschriebenes) Kommando zu stürzen. Bruce hat aufgrund der auch von ihm favorisierten Lesung »Salamis« und weil er glaubt, hier seien nur Absichten der Söldner wiedergegeben, den Namen des Stadtkönigs von Salamis und damaligen Herrschers über Zypern, Euagoras, ergänzt; Chambers schlug die Ergänzung *diese Herrschaft sofort zu stürzen* vor, doch vgl. die Einwände von Kloss. — *um zu*: eine Ergänzung von Grenfell/Hunt, die Bartoletti 1959 nicht übernommen hat.

5. *als [die Kyprer] gelandet waren*: der Text setzt voraus, daß die zyprischen Söldner nach Kaunos zurückgekehrt sind; anscheinend hatten sie ihren Plan geändert und auch Rhodos nicht erreicht.— *Leonymos*: der Kommandeur griechischer und karischer Kontingente des Großkönigs (Hofstetter 1978, S. 116 Nr. 195) war Konon offenkundig nicht unterstellt, der ihn um seine Unterstützung bitten mußte.— *zu seinem Schiff gehen*: der griechische Text ist hier uneindeutig; McKechnie/Kern 1988, S.103 übersetzen »auf seinen Posten«, Bonamente 1973, S. 187 »gehen, um seinen Sold zu bekommen«.

24. —25. DER MARSCH DES AGESILAOS.
24. (21.)

Die Erzählung, die mit den Ereignissen nach der Schlacht von Sardes (Kap. 16) abbrach, setzt hier wieder ein. Diodor (14.80.8) weiß nur von einem Waffenstillstand, den Tithrausthes mit Agesilaos abschloß; Xenophon (Hell. 3.4.26) überliefert, daß Tithraustes Agesilaos zum Abzug nach Norden in das Gebiet des Pharnabazos hatte bewegen können. Hell.Oxy. 24 setzt voraus, daß Agesilaos bis nach Adramyttion in der nördlichen Aiolis (ca. 7 km südwestlich des heutigen Ortes Edremit) gelangt sein muß. Im nahen Kyme hat Agesilaos nach Xenophon den Oberbefehl auch über die spartanische Flotte bekommen; sein weiterer Feldzug nach Phrygien (Hell. 3.4.29; 4.1.1) ist ganz im Gegensatz zu der Schilderung der Hell.Oxy. bei bemerkenswert ereignislos; die Schilderung setzt erst in Paphlagonien wieder ein (4.1). Im Ages. (1.36—38) schließt an die Ernennung zum Flottenbefehlshaber die Rückkehr des Agesilaos nach Griechenland an.

1. *Ebene von Thebe*: Die Küstenebene, deren antiker Hauptort die Küstenstadt Adramyttion war; erwähnt auch in Xen. Hell. 4.1.41. Ihr Ortsname ging später, vielleicht im Rahmen einer Neugründung, auf das im Landesinneren gelegene Thebe (h. Edremit) über.— *Ebene von Apia*: östlich der Ebene von Thebe gelegen (O. Hirschfeld, Art. Apias pedion, in: RE I 2 (1894), 2801). *die Mysier*: Bewohner der Küstenlandschaft zwischen der Troas im Westen und Bithynien im Osten, vgl. Müller 1997, S. 882f..— *selbständig*: gemeint ist, daß hier — ähnlich wie in Paphlagonien, s.u. Kap. 25.1 — die persische Herrschaft nicht immer durchsetzbar war; vgl. B. Jacobs, Die Satrapienverwaltung im Perserreich zur Zeit Darius' III., Wiesbaden 1994, S. 134f.

2. *Mysischer Olympos*: h. Ulu Dağı, südöstlich von Prusias (h. Bursa), über 2500 m hoch.— *erschlugen [einige] der Soldaten*: der Text folgt einem Ergänzungsvorschlag von Kloss.— *derkylideische Söldner*: benannt nach dem spartanischen Feldherrn Derkylidas, dem Vorgänger des Agesilaos (vgl. Westlake 1986, S. 413—426). Wahrscheinlich handelte es sich um die von Derkylidas angeworbenen Angehörigen des Kyroszuges (unter ihnen auch Xenophon, der sie als Kyreer bezeichnet: Hell. 3.2.7; 3.4.20).

3. *Spithradates und seinen Sohn*: Die Leidenschaft des Agesilaos für Megabates, die P nur andeutet, übergeht Xenophon in seinen Hellenika völlig (einzige Andeutung: 4.1.28), breitet sie dafür aber Ages. 5.4—6 aus (die Schreibweise Spithradates / Spithridates variiert innerhalb der Hell.Oxy. und in der sonstigen Überlieferung).

4. *Kyzikos*: die griechische Polis an der Küste der Propontis, vgl. Müller 1997, S. 864—867.— *habe ihn sehr begehrt*: Chambers hat den Text des Papyrus hier korrigiert (σχεῖν statt ἔχειν); diese Korrektur wurde hier nicht übernommen.

5. *Leonton Kephalai*: »Löwenköpfe«; die Identifikation des Ortes an der Königsstraße (Plut. Them. 30) mit Afyon-Karahisar ist (so Dugas 1910 S. 81 A. 2f.) hat sich in der modernen Literatur weitgehend durchgesetzt (doch vgl. Bruce 1967, S. 139f.), ist aber unwahrscheinlich. Eher dürfte der Ort weiter nördlich, in der Nähe von Dorylaion (h. Şarhüyük) westlich von Gordion gelegen haben, vgl. Meyer 1909, S. 25 A. 1.

6. *wiederum Gordion*: Agesilaos erreicht Gordion zum ersten Mal (zum Gebrauch von *palin* = wiederum bei P vgl. Bruce 1967, S. 85). Gordion (h. Yassıhüyük), die alte phrygische Hauptstadt am Oberlauf des Tembris (h. Porsuk Çay); vgl. Mülller 1997, S. .— *Rhatanes*: bei Xenophon bereits 401 (Anab. 6.5.7) sowie im vorangehende Kriegsjahr 396 (Hell. 3.4.13) als Offizier des Pharnabazos bezeugt.— *Paphlagonien*: die Küstenlandschaft, die östlich an Bithynien anschließt. Um soweit östlich zu operieren, hätte Agesilaos etwa bis zum Halys vorstoßen und dann nach Norden ziehen müssen (so Dugas 1910, S. 82—86 und Karte S. 58). Einen plausibleren Marschverlauf hat Bonamente 1973, S. 161 vorgeschlagen; bei ihm zieht Agesilaos von Gordion aus in nordöstlicher Richtung einen Nebenfluß des Sangarios hinauf und erreicht so die Grenze zu Paphlagonien.

25. (22.)

1. *Gyes*: der Name des Paphlagonierkönigs lautet bei Xenophon Otys (Hell. 4.1.2f.) bzw. Kotys (Ages. 3.4); im 35. Buch der Philippika Theopomps wird er Thys genannt (FGrHist 115 F 179); Meyer 1909 S. 26 mit A. 3 nimmt für die Hell.Oxy. ein Versehen des Schreibers (Gyes statt Thys) an. Die Details des Bündnisschlusses werden von P und Xenophon unterschiedlich berichtet.

2. *durch [das Tal des Sangarios]*: ›Sangarios‹ ist ein Ergänzungsvorschlag von Dugas 1910, S. 86; McKechnie/Kern 1988 gehen davon aus, daß hier von einer Überquerung des Sangarios die Rede sei, aber der Text legt es näher, von einem Zug entlang des Sangarios auszugehen (so auch Bonamente 1973 S. 189). Der Sangarios (h. Sakarya), der größte Fluß in Nordwestanatolien, entspringt im nordwestlichen Phrygien, fließt an Gordion vorbei und mündet in Bithynien in das Schwarze Meer.— *[etwa tausend] Reiter*: eine von Grenfell/Hunt erwogene, dann aber verworfene Ergänzung, die Bartoletti 1959 übernimmt; sie stützt sich auf die Parallele bei Xen. Hell. 4.1.3.

3. *Kios*: kleinere Hafenstadt im Osten der Propontis (h. Gemlik, ca. 25 km nördlich von Prusa). Der Sangarios fließt an seiner nächsten Stelle in ca. 70 km Entfernung an der Stadt vorbei.— *das am Meer gelegene Phrygien*: auch Kleinphrygien genannt, der nördliche, am Hellespont gelegene Teil der Landschaft.— *Miletou Teichos*: zu diesem Ort und der Route des Agesilaos in dieser Gegend vgl. E. Schwertheim, Die Inschriften von Kyzikos und Umgebung, Teil II: Miletupolis. Inschriften und Denkmäler (IK 26), Bonn 1983, S. 95—99.— *Rhyndakos*: Fluß, der aus Phrygien nach Norden und westlich von Prusa in die Propontis fließt (h. Orhaneli / Koca Dere). Schwertheim vermutet eine Verwechslung; tatsächlich sei der nahe Makestos/Mekestos (h. Simav Çay) oder der Tarsios, der Zufluß des Sees Daskylitis, gemeint.— *Daskylitis/Daskyleion*: die Satrapenresidenz Daskyleion (h. Ergili) am südöstlichen Ufer des Sees Daskylitis (h. Manyas Gölü).

4. *Pankalos*: nur aus dieser Stelle bekannt.— *Epibates*: abweichend von der häufigeren Bedeutung (Seesoldat, Marineinfanterist) ist hier der Rang eines spartanischen stellvertretenden Flottenkommandeurs gemeint (vgl. Thuk. 8.61; Xen. Hell. 1.3.17).— *in den See einfuhr*: schon Hekataios (FGrHist 1 F 217) erwähnt den Fluß Odryses als einen dem See entspringenden Zufluß des Rhyndakos, der seinerseits etwa 50 km

entfernt in die Propontis mündet.— *im folgenden Winter*: von McKechnie/
Kern 1988 (irrig) auf den Termin des Feldzuges bezogen.— *Kappadokien*:
die östlich an das zentralanatolische Hochland anschließende Region;
zur Bedeutung des Begriffs im 5. Jh. vgl. Müller 1997, S. 127.— *Sinope*:
eine Ergänzung von Grenfell/Hunt, die Bartoletti 1959 nicht
übernommen hat. Sinope, eine milesische Kolonie (h. Sinop), ist etwa in
der Mitte der anatolischen Schwarzmeerküste gelegen. Die Vorstellung,
daß Kleinasien nach Osten hin schmaler werde, vertritt bereits Herodot
(1.72; 2.34), der deshalb für die Strecke von Sinope durch Kappadokien
nach Kilikien an der Südküste Kleinasiens nur fünf Tagesreisen
veranschlagt. Die mit dieser Stelle verbundene Vorstellung eines
Feldzuges, der von der Schwarzmeerküste nach Kilikien geführt und so
das westliche Kleinasien vom Perserreich abgeschnitten hätte, hat
Lehmann 1972 in den Zusammenhang im Umkreis des Isokrates (etwa
Isokr., or. 5) geführter Diskussionen über eine griechische Kolonisation
Kleinasiens gestellt, die ab den 350er Jahren geführt wurden.